国家级职业教育规划教材

全国中等职业技术学校饭店服务专业教材

GUOJIAJI ZHIYEJIAOYU GUIHUA JIAOCAI

姚明焰 主编

（第四版）

形体训练

人力资源社会保障部教材办公室 组织编写

中国劳动社会保障出版社

简介

本教材从介绍形体训练基础知识入手，深入讲解了身体基本姿态、服务礼仪与体姿美感、形体素质的提升与训练方法，并对不良身体形态矫正方法进行了说明。教材内容全面，训练方法讲解细致，图示丰富，配有在线视频，适于中等职业技术学校教学使用。

本教材由姚明焰主编，叶茜副主编，刘畅、刘一、彭诗朦参加编写，缑小燕主审。动作由彭诗朦、刘颖、王建、金姿彤示范。

图书在版编目（CIP）数据

形体训练 / 姚明焰主编. —4版. —北京：中国劳动社会保障出版社，2016
全国中等职业技术学校饭店服务专业教材
ISBN 978-7-5167-2529-0

Ⅰ. ①形…　Ⅱ. ①姚…　Ⅲ. ①健美运动 – 中等专业学校 – 教材　Ⅳ. ①G833

中国版本图书馆CIP数据核字（2016）第140292号

中国劳动社会保障出版社出版发行
（北京市惠新东街1号　邮政编码：100029）
*
三河市华骏印务包装有限公司印刷装订　新华书店经销
787毫米 ×1092毫米　16开本　10.75印张　184千字
2016年6月第4版　　2021年1月第10次印刷
定价：21.00元

读者服务部电话：（010）64929211/84209101/64921644
营销中心电话：（010）64962347
出版社网址：http://www.class.com.cn
http://zyjy.class.com.cn

Preface 前言

全国中等职业技术学校饭店服务专业教材自出版至今已有二十年，在此期间，我们密切关注行业的发展以及职业学校教学需求的变化，先后对教材进行了两次修订和增补开发，使得教材内容不断更新，体系逐步完善。

在新一轮的教材修订工作中，我们收集饭店企业对于技能型人才的具体要求以及学校使用教材的反馈意见，组织骨干教师与行业、企业的专家进行充分研讨，确定重点做好以下几方面工作：

◆更新教材内容　根据饭店企业的发展变化，补充有关饭店管理的最新理念，以及在线预订、智能系统等互联网时代出现的新方法、新技术，更新与饭店及旅游相关的人文信息，使教材内容更加具有前瞻性。进一步加大技能训练的比重，在前厅服务、客房服务、餐厅服务、康乐服务等主要技能课教材中，更多地加入实践案例和操作指导，有助于学校开展一体化教学。同时，将职业道德、服务意识、礼仪规范等有机融入到教学内容、课堂问答、课后训练等各环节中，以加强对学生职业素质的培养。

◆提升教材表现力　通过设置“案例分析”“知识链接”“服务提示”等不同栏目，增加教材的亲和力，激发学生的学习兴趣。同时，尽可能多地以图表代替冗长的文字叙述，使教材更加生动直观，易于学习。

◆加强立体化资源建设　将习题册修订与教材修订同步进行，同时补充开发配套的电子课件。习题册答案及电子课件可登陆 www.class.com.cn，搜索相应的书目，在相关资源中下载。

本套教材的编写得到了有关省市人力资源和社会保障部门以及一批中等职业技术学校的大力支持，教材的编审人员做了大量的工作，在此，我们表示衷心的感谢！同时，恳切希望广大读者对教材提出宝贵的意见和建议。

人力资源社会保障部教材办公室

Contents 目 录

第一章 形体美与形体训练概述

形体在日常生活中一般被称为“身材”，是人体在正常情况下的体型状态和身体姿态。形体美是人体在先天遗传性和后天获得性的基础上完善的结果，是良好的体型、体姿及心理状态共同显现出来的自然美。形体训练即是以人的身体练习为基本手段，根据人体结构和运动规律，通过系统的、有针对性的练习塑造体型，培养良好的身体姿态。

学习目标

☆ 了解形体美的含义及其评价标准，树立健康的形体审美观。

☆ 掌握形体训练的目标、内容、基本原则和常用术语，保证形体训练的科学性。

第一节　形体美概述

一、形体美的含义

形体美是指人的体型美，是一种具体可感的外部形象。人体由头、颈、躯干和四肢构成，美的体型体现在身体各个部位的和谐、对称、线条与健康之中；形体美还指人的体态美，是表现在人体处于坐、立、走和跑跳等基本状态时身体所显示的端庄、挺拔与高雅的状态，也就是日常生活中人们常说的“站有站相，坐有坐相”和“举止得体”。身体姿态具有较为丰富的内涵，它能反映出一个人的精神面貌、气质、文化修养和审美层次，具有较强的可塑性，也就是后天获得性。良好的身体姿态不是随人体的生长发育而自然形成的，虽然伴有一定的遗传因素，但关键在于后天的训练和培养。

总之，形体美是一个人外与内、身与心的综合反映，它不仅从人体的结构外观上体现出美感，同时还蕴涵着旺盛的活力，洋溢着时代精神，反映出一个人的健康状况、精神面貌和文化素养。

二、形体美的评价

在人类历史发展的过程中，形体美的评价标准多种多样，受不同时代、不同地域、不同年龄和不同性别的影响而呈现出各种不同的见解和标准。中国历史上就有“唐肥汉瘦”的形体审美标准的记载。即使是在同一时代，由于受民族特点、地理环境和审美习惯等因素的影响，形体审美的标准也不尽相同。

进入21世纪，随着我国社会经济的发展，物质文明与精神文明程度的极大提高，青少年形体审美的标准也有了很大的变化。现代青年追求的是充分体现健康、文明且积极向上的健、力、美。了解了形体美的评价标准，也就明确了形体训练的方向和目标。

1．定性评价

（1）身体健康——形体美的基础

身体健康是形体美的基础。只有健康的身体才能充满青春活力，富有朝气和魅力。因此，形体之美必须建立在人体正常的生长发育和健全体格的基础之上。现今，随着生活水平的提高和医学的进步，人们的健康观念也发生了较大的变化。健康，不仅表现在身体上，还应表现在精神上。联合国世界卫生组织为此提出了关于健康的十个标准，可作为参考。

1）充沛的精力，能从容不迫地担负日常生活和繁重的工作而不感到过分紧张和疲劳。

2）处事乐观，态度积极，乐于承担责任，不挑剔。

3）善于休息，睡眠良好。

4）应变能力强，能适应外界环境中的各种变化。

5）能够抵御一般的感冒和传染病。

6）体重适当，身体匀称，站立时头、肩位置协调。

7）眼睛明亮，眼睑不发炎，反应敏捷。

8）牙齿清洁，无疼痛，牙龈颜色正常，无出血现象。

9）头发有光泽。

10）肌肉、皮肤富有弹性。走路感觉轻松。

（2）体型匀称健美——形体美的条件

体型美所包含的基本要素为均衡、对称和线条。我们知道，骨骼、关节和肌肉构成了人体的支架和形态，因此，一般从骨骼、关节和肌肉的角度，通过整体的均衡性、对称性和线条来定性描述体型的标准。

1）女性体型美的基本标准：骨骼发育正常，比例均匀对称。肩线平直而有棱角，脊柱正视舒展、挺拔，无后凸，侧视颈、胸、腰、骶四个生理弯曲正常。四肢关节围径适度，细而灵活。足弓较高，有延伸感。整体骨架结构具有良好的整体性和协调性。

肌肉发育良好，全身各部位肌肉群发展均衡、适度，外观精瘦而有弹性。四肢粗细适中，肌肉纹理较为清晰。肩胸舒展，腰细腹平，身体线条柔和优美，整体呈现出和谐和自然之美。

2）男性体型美的基本标准：骨骼发育正常，比例均匀对称。肩线平直而有棱角，脊柱正视舒展、挺拔，无后凸，侧视颈、胸、腰、骶四个生理弯曲正常。四肢关节较为粗壮、有力。

肌肉发育良好，全身各部位肌肉群发展均衡、结实有弹性。四肢较粗壮，肌肉相对较发达、有力。肩胸舒展，腹平背直，整体呈现出阳刚之美。

（3）姿态舒展挺拔——形体美的核心

身体姿态的舒展挺拔，是指人们在举手投足以及坐、站、走、跑、跳等各种基本活动中的规范与协调。

1）站姿标准：男性挺拔刚健，女性亭亭玉立。站立时，要求两腿直立并拢，双肩平而放松，两臂自然下垂，同时收腹、立腰、展胸，立颈，后背挺直，颈直，下颌微收，双目平视前方。

2）坐姿标准：端庄，自然。女性要求两膝并拢；男性两膝可稍分开，略窄于双肩。腰背挺直，肩放松，立腰、收腹，脊椎与臀部成一条直线，下颌微收，目视前方。

3）走姿标准：男性自然稳健，女性优雅轻盈。行走时头与躯干成直线，目视前方。步位正确、重心平稳，有节奏，步幅基本一致，双臂自然摆动。

另外，蕴涵于内在的性格、品德、情操、文化素养以及个性心理等，通过行为的外化也同样影响着形体美。依靠内在高尚的道德情操、良好的学识修养和心理品质所充实起来的形体美，是更高层次的内在美与外在美的和谐统一。

2．定量评价

形体美的评价除了定性评价外，还有定量评价。定量评价就是通过人体测量的重度（体重）、长度（身高、坐高、腿长、臂长等）和围度（胸围、腰围、臀围等）等指标，以具体的数据来确定形体美的评价标准。定性评价结合定量评价更能客观、准确地评价人的形体之美。以下身高标准体重的计算方法和身高标准体重评价表（见表1—1和表1—2）可作为参考。

（1）身高标准体重计算方法

男性标准体重（kg）=50+［身高（cm）−150］×0.75+（年龄−21）/5

女性标准体重（kg）=50+［身高（cm）−150］×0.32+（年龄−21）/5

（2）身高标准体重评价表

表1—1　高中一年级至三年级男性学生身高标准体重　单位：kg

身高（cm）	营养不良	较低体重	正常体重	超重	肥胖
160.0～160.9	<43.1	43.1～52.5	52.6～60.0	60.1～62.5	≥62.6
161.0～161.9	<43.8	43.8～53.3	53.4～60.8	60.9～63.3	≥63.4
162.0～162.9	<44.5	44.5～54.0	54.1～61.5	61.6～64.0	≥64.1
163.0～163.9	<45.3	45.3～54.8	54.9～62.5	62.6～65.0	≥65.1
164.0～164.9	<45.9	45.9～55.5	55.6～63.2	63.3～65.7	≥65.8
165.0～165.9	<46.5	46.5～56.3	56.4～64.0	64.1～66.5	≥66.6
166.0～166.9	<47.1	47.1～57.0	57.1～64.7	64.8～67.2	≥67.3
167.0～167.9	<48.0	48.0～57.8	57.9～65.6	65.7～68.2	≥68.3
168.0～168.9	<48.7	48.7～58.5	58.6～66.3	66.4～68.9	≥69.0
169.0～169.9	<49.3	49.3～59.2	59.3～67.0	67.1～69.6	≥69.7

续表

身高（cm）	营养不良	较低体重	正常体重	超重	肥胖
170.0 ~ 170.9	<50.1	50.1 ~ 60.0	60.1 ~ 67.8	67.9 ~ 70.4	≥70.5
171.0 ~ 171.9	<50.7	50.7 ~ 60.6	60.7 ~ 68.8	68.9 ~ 71.2	≥71.3
172.0 ~ 172.9	<51.4	51.4 ~ 61.5	61.6 ~ 69.5	69.6 ~ 72.1	≥72.2
173.0 ~ 173.9	<52.1	52.1 ~ 62.2	62.3 ~ 70.3	70.4 ~ 73.0	≥73.1
174.0 ~ 174.9	<52.9	52.9 ~ 63.0	63.1 ~ 71.3	71.4 ~ 74.0	≥74.1
175.0 ~ 175.9	<53.7	53.7 ~ 63.8	63.9 ~ 72.2	72.3 ~ 75.0	≥75.1
176.0 ~ 176.9	<54.4	54.4 ~ 64.5	64.6 ~ 73.1	73.2 ~ 75.9	≥76.0
177.0 ~ 177.9	<55.2	55.2 ~ 65.2	65.3 ~ 73.9	74.0 ~ 76.8	≥76.9
178.0 ~ 178.9	<55.7	55.7 ~ 66.0	66.1 ~ 74.9	75.0 ~ 77.8	≥77.9
179.0 ~ 179.9	<56.4	56.4 ~ 66.7	66.8 ~ 75.7	75.8 ~ 78.7	≥78.8
180.0 ~ 180.9	<57.1	57.1 ~ 67.4	67.5 ~ 76.4	76.5 ~ 79.4	≥79.5

表 1—2　　高中一年级至三年级女性学生身高标准体重　　单位：kg

身高（cm）	营养不良	较低体重	正常体重	超重	肥胖
150.0 ~ 150.9	<37.9	37.9 ~ 45.3	45.4 ~ 54.0	54.1 ~ 56.9	≥57.0
151.0 ~ 151.9	<38.4	38.4 ~ 45.8	45.9 ~ 54.5	54.6 ~ 57.4	≥57.5
152.0 ~ 152.9	<38.9	38.9 ~ 46.3	46.4 ~ 55.2	55.3 ~ 57.9	≥58.0
153.0 ~ 153.9	<39.4	39.4 ~ 46.8	46.9 ~ 55.7	55.8 ~ 58.6	≥58.7
154.0 ~ 154.9	<40.0	40.0 ~ 47.4	47.5 ~ 56.4	56.5 ~ 59.4	≥59.5
155.0 ~ 155.9	<40.5	40.5 ~ 47.9	48.0 ~ 56.9	57.0 ~ 59.9	≥60.0
156.0 ~ 156.9	<41.1	41.1 ~ 48.5	48.6 ~ 57.5	57.6 ~ 60.5	≥60.6
157.0 ~ 157.9	<41.6	41.6 ~ 49.1	49.2 ~ 58.1	58.2 ~ 61.1	≥61.2
158.0 ~ 158.9	<42.0	42.0 ~ 49.6	49.7 ~ 58.8	58.9 ~ 61.8	≥61.9
159.0 ~ 159.9	<42.5	42.5 ~ 50.2	50.3 ~ 59.5	59.6 ~ 62.6	≥62.7
160.0 ~ 160.9	<43.0	43.0 ~ 50.7	50.8 ~ 60.0	60.1 ~ 63.1	≥63.2
161.0 ~ 161.9	<43.5	43.5 ~ 51.2	51.3 ~ 60.7	60.8 ~ 63.8	≥63.9
162.0 ~ 162.9	<44.0	44.0 ~ 51.7	51.8 ~ 61.2	61.3 ~ 64.3	≥64.4
163.0 ~ 163.9	<44.4	44.4 ~ 52.2	52.3 ~ 61.8	61.9 ~ 65.0	≥65.1
164.0 ~ 164.9	<44.8	44.8 ~ 52.7	52.8 ~ 62.3	62.4 ~ 65.5	≥65.6
165.0 ~ 165.9	<45.2	45.2 ~ 53.1	53.2 ~ 62.7	62.8 ~ 65.9	≥66.0
166.0 ~ 166.9	<45.6	45.6 ~ 53.6	53.7 ~ 63.4	63.5 ~ 66.6	≥66.7
167.0 ~ 167.9	<46.1	46.1 ~ 54.1	54.2 ~ 64.1	64.2 ~ 67.1	≥67.2

续表

身高（cm）	营养不良	较低体重	正常体重	超重	肥胖
168.0 ~ 168.9	<46.6	46.6 ~ 54.6	54.7 ~ 64.9	65.0 ~ 67.6	≥67.7
169.0 ~ 169.9	<47.1	47.1 ~ 55.2	55.3 ~ 65.3	65.4 ~ 68.4	≥68.5
170.0 ~ 170.9	<47.6	47.6 ~ 55.7	55.8 ~ 65.8	65.9 ~ 68.9	≥67.0

注：1. 实际身高低于表中所列出的身高段时，身高每低 1 cm，实测体重需加上 0.5 kg，实测身高需加上 1 cm，再查表确定分值。

2. 实际身高高于表中所列出的身高段时，身高每高 1 cm，实测体重需减去 0.5 kg，实测身高需减去 1 cm，再查表确定分值。

三、影响形体美的因素

1. 先天遗传

遗传是影响形体美的因素之一。遗传对子代的形态、机能以及生长发育速度有着较大的影响。在日常生活中，有的孩子体型像父母一样，或胖或瘦；有的孩子则在某一年龄段像父母那样，显现出身高的优势，这就是遗传。

人的体型主要取决于身高与体重的比例是否适度。从遗传角度看，身高依赖于遗传的因素较多，而体重则主要受后天环境的影响。在身高方面，男性出现的差异有 75% 是遗传造成的，女性则达到 92%；在腿长方面，男性遗传度达 77%，女性则高达 92%；在其他方面，如臂长、坐高等遗传造成的差异也占较高的比例。而在体重方面，男性遗传度是 68%，女性仅为 42%。以上数据说明身高受先天遗传的影响较大，而体重受到的影响相对较小。因此，塑造形体美，需遵循遗传规律和人体生长发育规律，在遗传因素所允许的范围内，根据自身的条件进行科学锻炼，有效改善形体。

2. 饮食营养

营养是构成机体的物质保证。营养过剩或营养不良，尤其是营养过剩而运动不足造成的体重超重或肥胖，是目前影响人们健康和体型变化的主要原因。体重是形体改变的较为直观的指标和反映。人的体重是一个高度可变的指标，体重以及受体重影响的胸围、腰围、臀围、腿围等身体各部位围度受遗传影响较小，主要受后天营养和运动锻炼的影响。在人的生长发育和体型发展过程中，受营养因素直接影响的体重，通过科学合理的膳食结构和营养补充，同时配合具有一定运动量和强度的体育锻炼或形体训练，将能够得到良好而有效的控制。

3. 运动锻炼

体育锻炼和形体训练也是影响形体美的主要因素之一。形体训练包括体型和姿态两方面系统而科学的训练。体型的改善训练主要是指全身各部位的比例是否匀称、平衡，主要肌肉群是否具有健美的线条；而体态的改善训练是指整个身体及各个部位的姿势是否端正、舒展。在形体训练中，丰富多样的拉伸、控制、表现以及较大强度的有氧体操等练习，不仅能有效地促进身体各相关部位骨骼、肌肉和韧带的协调发展，提高身体控制能力，形成舒展挺拔的形态，同时可有效降低身体的脂肪含量，增强肌力，改善肌肉和脂肪比例，达到降脂减肥，改善体型和体态的目的。舒展、健美而优雅的形体，一般需要通过较长时间、科学而系统的专门化训练方可获得。这就是为什么许多体育艺术类运动员以及舞蹈、形体训练爱好者，无论是坐、立、行还是自然的举手投足之间，都显得舒展，这是专门化的形体训练塑造出来的。因此，形体训练也是影响形体美的主要因素之一。

第二节　形体训练概述

形体训练又称形体美训练，是人们为了达到健美体型、培养良好身体姿态的目的，以舞蹈、芭蕾基础训练、艺术体操、健美操等基本练习为主要内容，根据人体自然形态发展规律和运动规律，在音乐伴奏下，有计划、有步骤地进行科学训练的过程。饭店服务专业的形体训练既注重身体动作的规范、节奏以及姿态和仪表的训练，又强调个性、品质、情操的培养，同时包含对服务礼仪的规范和要求，内外兼修，以提升学习者的职业素养。

一、形体训练的内容

1．身体基本姿态训练

身体基本姿态练习即基本姿势练习，是形体训练的重要内容之一。人的基本姿态是指人体的坐、立、行等身体姿势。良好的身体姿态给人的感觉是端庄、挺拔和高雅的，给人以赏心悦目的美感，在服务实践中能给服务对象留下良好的印象。

身体基本姿态的练习内容主要包括：站立姿态练习、行走姿态练习和有姿态的跑跳练习三个部分。各类练习主要以组合的形式，在音乐伴奏下完成。通过丰富多样的训练，可以有效塑造正确规范的身体姿态，改变不良体态，如驼背、斜肩、松胯等，更好地适应未来职业的需要。

2．服务礼仪与服务体姿美感训练

饭店服务人员的仪态举止，是在其服务过程中身体呈现的各种姿势及其风度。服务礼仪的身体姿势包括站姿、坐姿、走姿、蹲姿等。服务礼仪与服务体姿美感训练是针对饭店服务专业学生的一类练习，其训练内容包括服务礼仪姿态、服务礼仪规范和服务礼仪的体姿美感练习。饭店服务专业的学生通过该内容的学习和训练，掌握不同场景的服务礼仪要领和操作规范，加强身体控制力，能够提高专业素养，展示高雅、自信、热情的精神风貌。

3．形体素质训练

柔韧、力量和灵敏素质练习是形体训练中的基础性练习，其中，柔韧素质和力量素质更为重要。柔韧素质练习是保证形体舒展，动作协调的基础。只有保持良好的柔韧性，才可能体现出舒展、挺拔、柔和的形体美。而力量素质则能够使人体表现出良好的体力、肌肉感和身体控制能力。如下肢力量和腰背部力量可使人体挺拔；男性发达的三角肌、胸大肌使体型健美，呈现出男性的阳刚之美。

形体基本素质训练主要采用单人练习和双人练习两种形式，并针对人体的肩、胸、腰、腹、腿等部位进行训练，从而提高人体的支撑控制能力和协调性，为塑造良好形态打下基础。

二、形体训练的原则

1．科学性原则

形体训练的科学性主要体现在练习内容、运动负荷、练习方法等方面的确定必须符合人体发展的客观规律。例如，青少年从 15 岁开始，随着身高增长速度的减慢，肌肉开始横向发展，肌纤维开始变粗，肌肉力量逐渐增加，肌肉已具有良好的弹性和收缩能力，如根据这一时期肌肉的生长发育特点进行一定强度的力量训练，将会取得事半功倍的效果，可有效强健体格，改善体型。此外，练习内容的安排要合理，应遵循循序渐进的原则，由易到难、由原地到移动、由单个动作到组合动作并逐渐增加方向的变化。此外，锻炼强度、锻炼时间以及锻炼着装的选择也要有科学性，适合形体训练的特点和要求。

2．全面系统性原则

人体是一个完整统一的有机体，只有全面系统地进行形体训练，才能使全身肌肉线条清晰，使身体各部分比例匀称。此外，就身体素质而言，不仅要重视柔韧性的练习，还应重视力量素质的发展，从而全面提高身体的舒展性和控制力，使身体动作轻松有力，充满活力。

3．经常性原则

形体的改善并非在一朝一夕就能实现，需要长期坚持不懈的努力，最终形成一种意识和习惯。因此，只有持之以恒，循序渐进，根据自身的条件制订一个切实可行的锻炼计划，长期坚持系统训练，使形体训练成为一种长期的运动习惯，才能有效地促进人体机能的发展，达到改善体型的目的。

4．区别对待原则

形体训练因人体所处的生长时期不同而有所区别。在青少年时期，长骨正处于生长发育的重要时期，加强下肢骨的锻炼，可以有效促进身体的纵向发育，使身体长高（主要为腿的长度增加），使身体的比例美观。此外，女性与男性的形体训练也有较大差别。女性要重视身体各部位柔韧性的练习，尤其是肩、胸和腰部的柔韧性，同时加强胸部和腰、腹、臀部肌肉的锻炼，促进胸部的发育，减少腰、腹和臀部脂肪的堆积；而男性则要重视身体各部位肌肉力量的锻炼，促进肌肉发达，使身体各部位的肌肉结实健美，有力度。

三、形体训练基本术语

形体训练基本术语是在形体训练中用来描述形体动作和技术的专门用语，具有准确、简练、易懂的特征。通过了解和掌握形体训练的基本术语，我们不仅能够正确描述形体训练中的各种身体动作，规范动作表达，看懂本书中的动作说明，而且能够建立正确的动作概念，掌握动作技能，提高练习效果。

1．动作方向术语

动作方向是指身体各部位运动的方向，一般根据人体直立时的基本方向确定。

向前：向胸部所对方向运动。

向后：向背部所对方向运动。

向侧：向肩侧所对方向运动。

向上：向头顶所对方向运动。

向下：向脚底所对方向运动。

中间方向和斜方向：指两个基本方向之间45°的方向。例如，“前上方”是指在“前”与“上”之间的45°方向，其他斜方向均与此同理。

向内：四肢由两侧向身体中线方向运动。

向外：四肢由身体中线向两侧方向运动。

同向：不同肢体向同一方向运动。

反向（异向）：两个肢体向相反方向运动。

2．身体基本方位术语

为了表示人体在活动场地上运动的方向，形体训练中借鉴了舞蹈和芭蕾术语，把身体正对的方向定为基本方位，称之为 1 点。以此为起始方位，按顺时针方向，每 45° 为一个基本方位，将场地划分为八个基本方位，即 1 点、2 点、3 点、4 点、5 点、6 点、7 点、8 点，如图 1—1 所示。在形体训练过程中，应指明身体面对着第几个点。例如，面向 2 点，即面向场地的右前方。

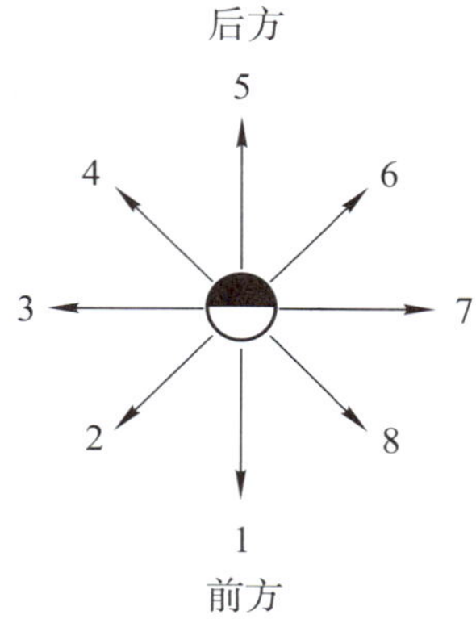

图 1—1　身体基本方位图

3．动作之间相互关系术语

同时：在完成一个动作时，不同身体部位在同一时间参与运动。

依次：在完成一个动作时，不同身体部位先后连续地参与运动。

交叉：两臂或两腿同时向内形成重叠交错的姿势。

交替：对称的肢体有节奏地连续依次动作。

对称：左侧和右侧肢体做相同的动作。

4．基本动作术语

举：手臂和腿向上抬起，停止在一定位置的动作。例如，两臂上举。

屈：通过关节弯曲运动使身体某部位形成一定角度的动作。例如，屈膝、屈肘。

伸：弯曲的关节伸直的动作。

摆动：身体某一部位做有节奏的弧线运动（不超过 360°）。例如，摆腿，摆臂。

绕环：身体某一部位摆动达到或超过 360° 。例如，肩绕环、腰绕环。

踢：腿部快速向上摆动的动作。例如，前踢腿、后踢腿。

控：身体某一部位在一定的高度、固定某一姿势并保持一定时间。例如，控腿。

跳跃：单脚或双脚蹬地之后向上腾起，身体在空中保持某一种姿势，然后落地的动作。例如，分腿跳、挺身跳。

转体：以单脚或双脚为支点，绕身体的垂直轴转动的动作。例如，双脚转体 180°、单脚转体 360°。

平衡：用单脚或身体其他部位支撑地面，使身体保持静止姿势。

劈叉：两腿分开接近 180° 的动作。前后分腿叫纵劈叉，左右分腿叫横劈叉。

5．人体运动轴术语

人体的运动均围绕着三个不同方向的轴进行，即垂直轴、额状轴或矢状轴。

垂直轴：上下垂直于地面的轴。例如，直立时向左或向右做转体的动作就是绕垂直轴的运动。

额状轴：平行于身体（穿过人体左右）的轴。例如，直立时做体前屈或体后屈动作就是绕额状轴的运动。

矢状轴：穿过人体前后的轴。例如，直立时，向左或向右做体侧屈动作就是绕矢状轴的运动。

思考与练习

1. 简述形体美的含义及其影响因素。
2. 形体训练的基本原则是什么？训练中为什么要遵循该原则？
3. 测量一下你的身高和体重，并说明测量结果是否在正常值的范围内。

第二章 身体基本姿态训练

站立、行走是人体最基本的身体姿态，几乎人体所有的姿态和动作的肌肉感觉都是建立在站立、行走姿态基础上的。因此，形体训练需从正确规范的站立、行走姿态训练入手。掌握站立、行走姿态的动作规范后，再进行有姿态的跑跳训练，能更好地培养正确、优雅的身体姿态及发展身体韵律感。

学习目标

☆了解身体各部位的基本形态，掌握身体基本姿态的控制要领和要求。

☆掌握身体姿态的训练方法，培养舒展的身体姿态和大方自信的心理品质。

☆发展身体的协调性、节奏韵律感和表现力。

第一节　站立姿态训练

站立姿态是人体最基本的一种静态姿势，它的美感主要体现在人体站立时身体各个部位的协调、挺拔与舒展。

站立姿态的控制和发展性练习，主要以静力性控制练习为主，通过对人体头颈、上肢、躯干和下肢等各个部位的规范训练，使人体各部位姿态符合美的要求，养成立颈、收腹、立腰、挺胸的良好站立习惯，形成舒展挺拔的身体姿态。

一、基本站立姿态

1．身体基本形态

（1）上肢基本形态

上肢基本形态包括手型和臂型，其形态表现为手指自然伸展并拢，两手的大拇指和中指分别相对并稍向内收，形成兰花指手型，使臂、肘、腕、指形成一圆滑的弧线形态，即臂型（见图 2—1）。

图 2—1　上肢基本形态

（2）下肢基本形态

下肢基本形态包括腿型和脚型，其形态表现为膝关节伸直，脚面绷起，腿舒展并稍向外展。规范优美的腿部形态首先应该是直，并能自然地稍向外展，且肌肉匀称有弹性，腿部无论处于静态或动态，都可以从整体上给人以展长、结实而有力度的美感（见图 2—2）。

（3）躯干基本形态

躯干基本形态表现为收腹、立腰、展胸、沉肩，躯干保持舒展挺拔的形态。

2．站立方法

身体直立，两腿并拢伸直，臀部内收夹紧，同时收腹、立腰、展胸，肩平展并放松下沉，头颈正直，眼平视前方，使躯干保持“三直”，即腿直、背直、颈直的状态。两臂自然下垂，放于体侧，掌心向内。两脚夹角在 45°～60° 之间为宜（见图 2—3）。

图 2—2　下肢基本形态

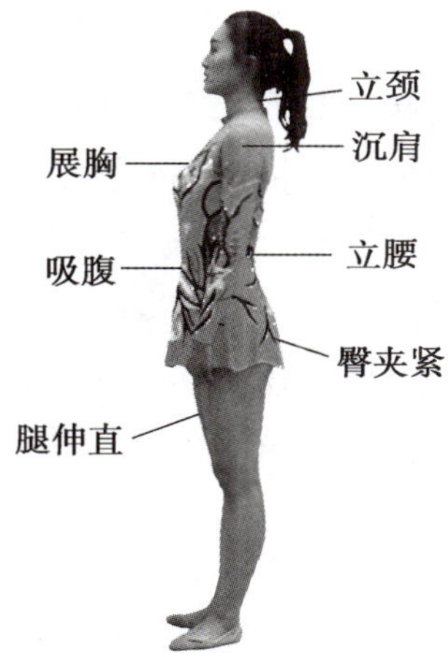

图 2—3　基本站立姿态

3．站立要领

站立时，身体要达到以下要求，需掌握准确的用力和控制要领：

（1）躯干挺直的发力点应在腰部，背肌收缩用力，向上顶直躯干。

（2）展胸动作不是两肩后展，而是后背发力前顶，使胸部展开。

（3）做夹臀动作时，需两脚和两腿外展，使臀大肌充分收缩夹紧。

日常生活中的站姿可稍为放松，根据习惯，可成稍息姿势，也可成两腿开立的站姿。两臂可置于腹前或做相应的手势。但身体姿态应随时保持一定的控制感和自然的舒展挺拔感。过于放松、随便会显得懈怠无精神。

二、基本手位、脚位及组合

1．基本手位

形体训练中的基本手位主要是借鉴芭蕾手位，在动作要领和要求上经过改造而成。芭蕾手位要求手臂成较大的弧形，圆背稍含胸，体现古典、含蓄而典雅的形态气质；而现代形体手位要求手臂舒展，肩、胸展开，躯干挺拔，展示现代人的自信、朝气与活力。形体基本手位包括七个手位（见图 2—4）。这七个手位可在音乐伴奏下，以动作组合的形式进行练习，从而提高人体站立姿态的控制感和美感。

动作做法

一位手：两臂体前自然下垂，手指、腕关节、肘关节自然伸展，稍离开身体成一个柔和的弧线，手心向内，两指尖距离约 10 cm，两肩松弛、自然下垂。

二位手：两臂向上抬起至稍低于胸的位置前举，手心向内，手型、臂型保持不变。

三位手：两臂向上抬起至上举，肩下沉，手心向内，手型、臂型保持不变。

四位手：左臂保持三位，右臂经前下至二位。

五位手：左臂保持三位，右臂向侧打开至稍低于肩的位置侧举，手心向前下方。

六位手：右臂保持不动，左臂经前下至二位。

七位手：右臂保持不动，左臂向侧打开至稍低于肩的位置侧举。

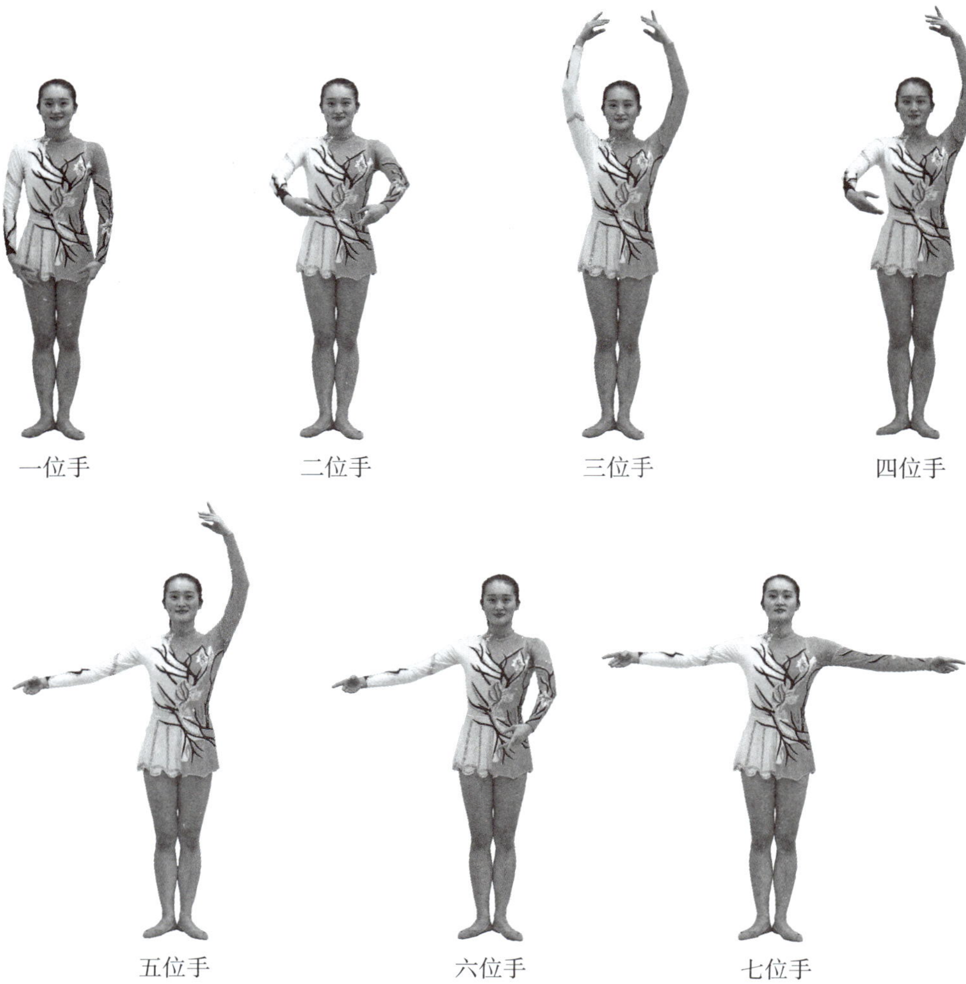

图 2—4　基本手位

动作要领

手型、臂型和手位控制准确。各关节稍放松，肩部稍用力并下沉，手臂自然伸展，使臂、肘、腕、指形成一舒展圆滑的弧线；手臂移动时，沉肩立颈，速度均匀，方向和路线清晰。

2．基本脚位

形体训练中的基本脚位主要借鉴了芭蕾舞中的基本脚位。形体训练最常用的基本脚位有：丁字步、八字脚、一位脚、二位脚和三位脚、四位脚、五位脚等脚位（见图 2—5）。在训练时，保持正确的脚位，对发展身体姿态和下肢形态具有很好的促进作用。

动作做法

丁字步：一脚脚跟靠于另一脚内侧中部，两脚成“丁”字站立。

八字脚：两脚脚跟并拢，两脚夹角为 45°～60° 站立。

一位脚：两脚脚跟靠拢，脚尖向外，两脚成“一”字站立。

二位脚：在一位的基础上，两脚脚跟分开，相距约一脚的距离站立。

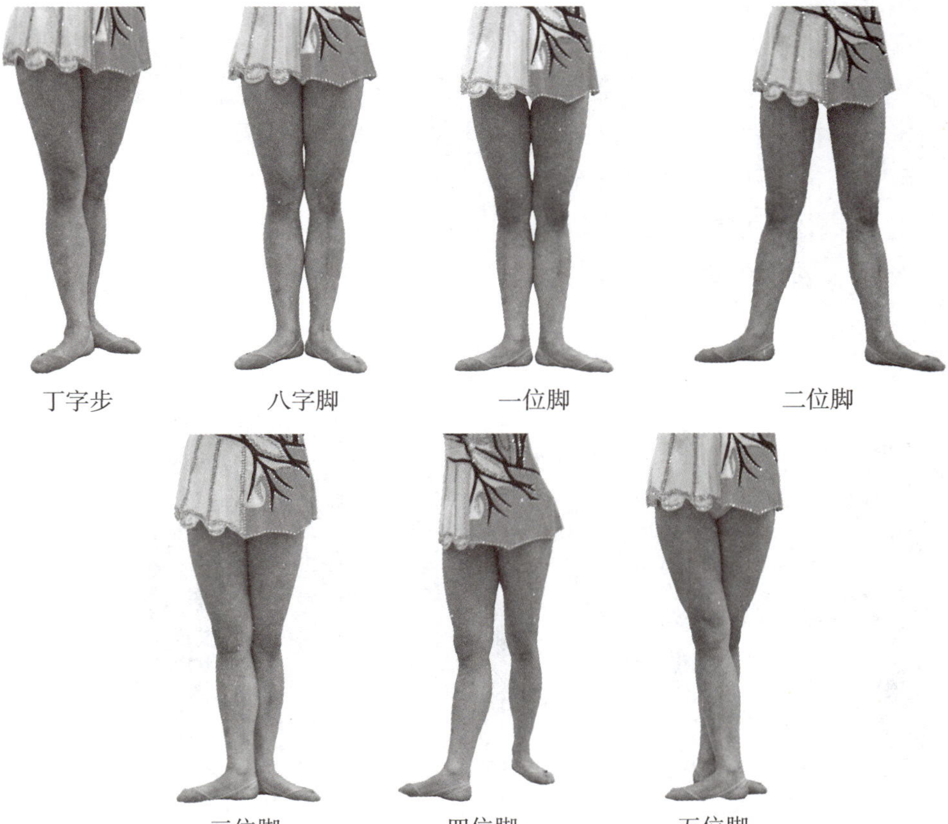

图 2—5　基本脚位

三位脚：在一位的基础上，一脚脚跟靠在另一脚内侧的中部站立。

四位脚：在三位的基础上，两脚前后平行，脚尖向两侧，相距约一脚的距离站立。

五位脚：在三位的基础上，两脚前后平行并拢，脚尖向两侧站立。

动作要领

胯、膝关节和脚充分外开，腿伸直，臀部内收上提，全脚平放于地面，身体重心在两脚上或两脚之间。力量均匀，上体保持直立姿势。

3．手位脚位组合

（1）手位控制组合

练习目的

规范身体各部位的形态，培养身体和手臂的控制感、方位感与“展长”的意识，提高身体姿态的控制能力和表现力。

预备姿势

基本站立姿态，八字脚站立，两臂成一位手（见图 2—6）。

动作做法

1× ⑧：

[1—2] 拍：两臂向上抬至二位手（见图 2—7）。

[3—4] 拍：两臂向上抬至三位手（见图 2—8）。

[5—6] 拍：两臂经侧打开至七位手（见图 2—9）。

[7—8] 拍：两臂还原至一位手。

2× ⑧：同 1× ⑧动作。

图 2—6

图 2—7

图 2—8

图 2—9

3× ⑧：

[1—2] 拍：左脚向左前方擦地迈出（见图 2—10），重心前移至四位蹲，两臂向上抬至二位手（见图 2—11）。

[3—4] 拍：重心前移至左腿直立，右腿伸直后点地，同时左臂打开至侧举，右臂前举，掌心向下（见图 2—12）。

[5] 拍：重心后移还原至四位蹲，同时两臂还原至六位手（见图 2—13）。

[6] 拍：重心后移，身体右转 45°，同时右腿直立，左脚擦地侧点，两臂打开至七位手（见图 2—14）。

[7—8] 拍：左脚收回至右脚后，呈三位脚站立，同时两臂经侧还原至一位手。

4× ⑧：同 3× ⑧动作，动作方向相反。

图 2—10

图 2—11

图 2—12

图 2—13

图 2—14

5× ⑧：

[1—2] 拍：左脚向左前方迈步，左臂经屈臂提至上举（见图 2—15）。

[3—4] 拍：右脚向前迈步，左臂保持不动，右臂经屈臂提至三位手（见图 2—16）。

[5—6] 拍：还原至四位蹲，低头含胸，同时两臂落至二位手（见图 2—17）。

[7—8] 拍：重心后移至左腿直立，右脚前点，上体直立，同时两臂经侧打开至七位手（见图 2—18）。

图 2—15

图 2—16

图 2—17

图 2—18

6× ⑧：

[1—2] 拍：右脚向后迈步，上体保持不动。

[3—4] 拍：左脚向后迈步，上体保持不动。

[5—6] 拍：右脚向侧迈步，同时身体向右转 45°，成右腿直立，左脚擦地侧点（见图 2—19）。

[7—8] 拍：左脚收回至右脚后呈三位脚站立，两臂经侧还原至一位手。

图 2—19

7×⑧：同 5×⑧动作，动作方向相反。

8×⑧：同 6×⑧动作，动作方向相反。

练习提示

1. 认真体会并掌握基本站立姿态的控制要领，加强辅助性练习。

2. 可对照镜子练习，适时调整手臂形态和身体姿态；也可以两人一组，相互观察指导练习。

3. 练习时注意手型和臂型正确、规范，上肢保持圆滑的弧线，肘关节和腕关节避免出现松懈弯曲或僵直，身体保持舒展挺拔的姿态。

4. 手臂移动的速度应均匀缓慢，与音乐充分融合；移动的方向和路线清晰、准确，头稍抬起随手移动，面部富有表情，呼吸均匀自然。

（2）脚位蹲姿控制组合

练习目的

锻炼腿部和背部肌肉的控制能力，提高腿部肌肉韧带的伸展性和弹性，提高身体各部位的控制力和协调性。

预备姿势

基本站立姿态，一位脚站立，两臂成一位手。

动作做法

1×⑧：

[1—2] 拍：双脚并拢站立，两臂保持一位手（见图 2—20）。

[3—4] 拍：双脚外展成八字脚，两臂保持一位手（见图 2—21）。

[5—8] 拍：同 [1—4] 拍动作。

2×⑧：

[1—4] 拍：两臂经体侧做向上手臂波浪一次（见图 2—22）。

[5—8] 拍：两臂做向下手臂波浪，还原至一位手。

3×⑧：

[1—8] 拍：两拍一动做四次一位蹲（见图 2—23）。

4×⑧：

[1—4] 拍：双脚提踵站立，两臂由一位手至三位手（见图 2—24）。

[5—8] 拍：落脚还原，左脚向侧擦地落至二位脚，两臂打开经七位手还原至一位手。

图 2—20

图 2—21

图 2—22

图 2—23

5×⑧：

[1—4] 拍：向下二位蹲，两臂由一位手至二位手（见图 2—25）。

[5—8] 拍：两腿伸直，两臂打开经七位手还原至一位手。

6×⑧：

[1—4] 拍：向下二位蹲，两臂由一位手至二位手。

[5—6] 拍：两腿伸直，重心移至右腿，左脚侧点，同时两臂打开至七位手（见图 2—26）。

[7—8] 拍：身体向左转 45°，左脚擦地收回成左脚在前丁字步，同时两臂还原至一位手。

图 2—24

图 2—25

图 2—26

7×⑧：

[1] 拍：左脚向前擦地，两臂由一位手至二位手（见图 2—27）。

[2] 拍：重心前移至四位蹲，两臂保持二位手（见图 2—28）。

[3—4] 拍：重心前移，左腿直立，右脚后点，同时两臂打开至七位手（见图 2—29）。

[5—6] 拍：重心后移，经四位蹲成右腿直立左脚前点，两臂保持七位手（见图 2—30）。

[7—8] 拍：身体向右转 90°，同时左脚擦地收回成右脚在前丁字步，两臂经侧还原至一位手。

8× ⑧：同 7× ⑧动作，动作方向相反。

图 2—27

图 2—28

图 2—29

图 2—30

练习提示

1. 课下可扶把杆进行练习，先体验下蹲、站立的控制要领，逐渐再过渡到离把和配合手臂的完整练习。

2. 下蹲与站立时重心在两脚之间，充分开胯，脚跟压地，膝关节与脚尖方向保持一致；重心在垂直线上移动，移动速度均匀、动作连贯。

3. 在做蹲姿练习时，注意腹部、臀部收紧，背部挺直上提。

三、身体基本动作及组合

1. 身体基本动作分类

形体训练的身体基本动作概括起来主要包括以下五类动作。

（1）头颈基本动作

头颈基本动作包括头部向各个方向的屈（低头）伸（抬头）、转动和绕环等。

（2）上肢基本动作

上肢基本动作包括上肢向各个方向的屈伸、摆动、绕环和波浪动作等。

（3）下肢基本动作

下肢基本动作包括下肢的屈伸、摆动、提踵、移重心、向各个方向的点地和迈步，以及并步、弓步、足尖步、柔软步、滚动步、变换步、华尔兹步、波尔卡步等基本步伐。

（4）躯干基本动作

躯干基本动作包括躯干的屈伸、摆动、绕环、波浪等基本动作。

（5）其他动作

其他动作包括转体、平衡、跳跃、支撑、翻滚等不同形式的身体基本动作。

2．摆绕动作及其组合

（1）手臂摆动动作

动作做法

两臂以肩为轴同时或依次向前、侧、后等方向摆动或同时向反方向摆动。

动作要领

摆臂时，从躯干开始发力，双肩放松下沉，以肩带肘、肘带动手向远伸展摆动，同时配合躯干的“附随动”。

（2）手臂绕环动作

动作做法

两臂分别以肩、肘、腕关节为轴向同一方向或不同方向，同时或依次进行大、中、小形式的绕环。绕环动作应连贯、协调、舒展，环面清晰并垂直于地面。

动作要领

绕环时，相邻的部位固定，轴心关节放松，运动的肢体向远伸展划圆弧，同时手臂做相应的内旋或外旋。

（3）手臂摆绕动作组合

练习目的

充分舒展手臂、躯干等各个身体部位，锻炼身体的柔韧性和协调性，培养身体姿态的美感和表现力。

预备姿势

基本站立姿势，八字脚站立，两臂成一位手。

动作做法

1×⑧：

[1—2] 拍：左脚向后退一步，右脚前点，两臂向后绕环至斜上举（见图2—31）。

[3—4] 拍：左腿收回，抬头挺胸，两臂摆至三位手（见图2—32）。

[5—6] 拍：两腿屈膝，低头含胸，两臂由前经一位手再打开至侧举（见图2—33）。

[7—8] 拍：还原直立，两臂还原至一位手。

图 2—31

图 2—32

图 2—33

2× ⑧：

[1—2] 拍：左脚向前迈一步，右脚后点，两臂由一位摆至三位手（见图2—34）。

[3—4] 拍：右腿收回并拢，头部向后伸展，两臂保持三位手。

[5—6] 拍：两腿屈膝，抬头挺胸，两臂向后绕环至侧举（见图 2—35）。

[7—8] 拍：还原直立，两臂还原至一位手。

3× ⑧：

[1—2] 拍：左脚向侧擦地，两臂由一位手至二位手（见图 2—36）。

[3—4] 拍：重心左移至二位脚，两臂打开至七位手（见图 2—37）。

[5—6] 拍：右脚收回并拢屈膝，同时低头含胸，左臂经右侧绕环至一位手右臂摆至七位手，身体向右倾（见图 2—38）。

[7] 拍：两腿直立，两臂经侧打开至七位手。

[8] 拍：左脚向左前方擦地。

4× ⑧：

[1—4] 拍：重心前移，经四位蹲至左腿直立右脚后点，同时左臂开始依次向后绕环至左臂前举右臂后举，抬头看左手（见图 2—39）。

[5—6] 拍：重心后移，经四位蹲至右腿直立左脚侧点，两臂保持七位手（见图 2—40）。

[7—8] 拍：左腿经擦地收回至八字脚站立，两臂还原至一位手。

5×⑧：同1×⑧动作，动作方向相反。

6×⑧：同2×⑧动作，动作方向相反。

7×⑧：同3×⑧动作，动作方向相反。

8×⑧：同4×⑧动作，动作方向相反。

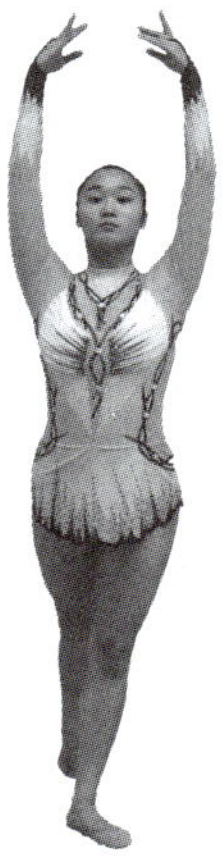

图 2—34

图 2—35

图 2—36

图 2—37

图 2—38

图 2—39

图 2—40

练习提示

1. 手臂摆动绕环的方向、路线正确，环面清晰。

2. 摆动绕环时以躯干发力，手带臂向远伸展，走最远的距离。注意向前、后摆绕时，手臂经过体侧，向左右摆绕时手臂经过腹前。

3. 练习的初始阶段，可先体会摆动、绕环的单个基本动作，再学习组合动作。练习上下肢配合的动作时，可先分别掌握下肢、上肢动作，再进行完整练习。

4. 认真做好每一个八拍的第八拍动作（结束姿势），保证组合动作的流畅性。在组合动作中，第八拍动作是各动作之间的衔接点或转换点，即上一个动作的结束即是下一个动作的开始。

3. 波浪动作及其组合

（1）波浪动作

波浪动作包括手臂波浪动作和身体波浪动作。手臂波浪动作由肩部开始起动，以肘领先，依次带动腕、指各关节由屈至伸；身体波浪动作由踝、膝开始起动，胯领先，带动腰、胸、颈各关节由屈至伸。两臂和身体可以做向前波浪、向侧波浪、向后波浪、螺旋波浪以及手臂上下波浪和内外波浪等。波浪动作要求柔和、连贯，有较明显的波浪推移动作，且重心稳定。波浪动作组合以其柔软、舒展、圆润及内在的韧性和外部流畅性等动作特点，充分舒展头颈、手臂和躯干等各个身体部位，对发展女性形体具有独特的锻炼价值。

1）手臂波浪动作

动作做法

向上手臂波浪：以肘领先，提肘带动手臂开始，肘、腕、指关节依次上提弯曲，紧接着肩、肘、腕、指关节依次向远伸展，完成一次手臂波浪动作。伸展腕、指关节时，肘关节略微下压。向上手臂波浪动作组合如图 2—41 所示。

向下手臂波浪：以肘领先，肘关节下压带动手臂开始，肘、腕、指关节依次下压弯曲，紧接着肩、肘、腕、指关节依次向远伸展，完成一次手臂波浪动作。向下手臂波浪动作组合如图 2—42 所示。

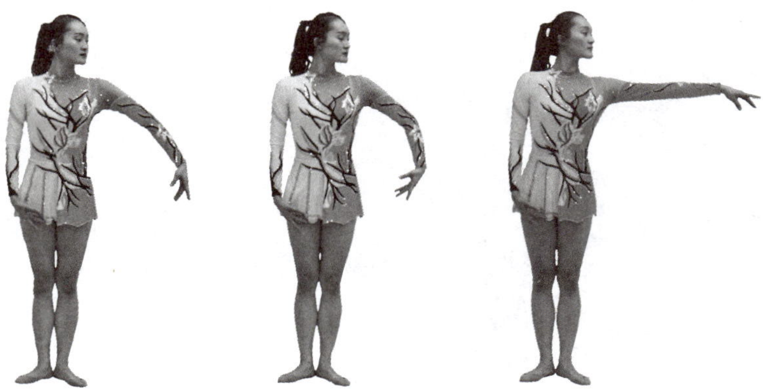

a）　　b）　　c）

图 2—41

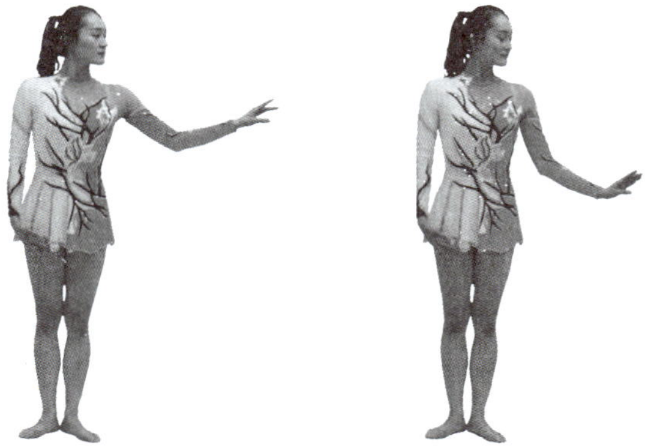

a）　　　　　　　　b）

图 2—42

动作要领

手臂波浪动作以肘领先，依次带动腕、指各关节由屈至伸；手臂放松而连贯地将动力由肩臂依次传递到手指尖是该动作的技术关键。

2）身体波浪动作

动作做法

向前身体波浪：身体直立，两腿并拢，成三位手。弯腰抬头，手臂向前伸展，然后屈膝半蹲，含胸低头，两臂前平举开始。紧接着踝、膝、胯、腰、胸、颈、头各部位依次而连贯地向前顶出伸展，波峰在体前出现，最后成直立姿势（见图 2—43）。

向后身体波浪：两腿并拢，屈膝半蹲，抬头挺胸，两臂经三位手向后绕环。腹部、胸部、下颌依次而连贯地贴近大腿，背部发力站立成还原姿势（见图 2—44）。

a）　　　　　　　　b）　　　　　　　　c）　　　　　　　　d）

e）　　f）　　g）

图 2—43　向前身体波浪

a）　　b）　　c）　　d）　　e）

图 2—44　向后身体波浪

向侧身体波浪：左腿支撑站立，右腿侧点地，两臂成三位手，上体向右侧屈两臂经腹前向左摆至左臂上举，右臂胸前平屈。然后屈膝半蹲、向右侧移重心，膝、胯、腰、胸、颈、头各部位依次而连贯地向身体右侧的斜前方顶出伸展成直立姿势，波峰在身体右侧出现，右腿支撑站立，左腿侧点地，上体向左侧屈，两臂经腹前向右摆至右臂上举，左臂胸前平屈（见图 2—45）。

a） b） c） d） e） f）

图 2—45　向侧身体波浪

动作要领

身体波浪动作由踝、膝开始起动发力，髋领先带动腰、胸、颈各关节由屈至伸。躯干放松而连贯地将动力由踝、膝依次传递到头部是身体波浪动作的技术关键。

（2）波浪动作组合

练习目的

充分舒展头颈、手臂和躯干等各个身体部位，发展身体协调性和柔韧性，增强身体的韵律感和表现力。

预备姿势

基本站立姿态，一位脚或八字脚站立，两臂保持一位手。

动作做法

1× ⑧：

[1—2] 拍：两臂抬至二位手。

[3—4] 拍：两臂抬至三位手。

[5—6] 拍：左臂经前下至四位手。

[7—8] 拍：左臂打开成五位手。

2× ⑧：

[1—2] 拍：右臂经前下至六位手。

[3—4] 拍：右臂打开成七位手。

[5—8] 拍：两臂向远伸展收至一位手。

3× ⑧：

[1] 拍：右腿屈，同时左腿向右前方擦地，身体向右转 45°，两臂成二位手（见图 2—46）。

[2] 拍：右腿保持不动，左腿逆时针划圆至侧点地，上体左转 45°，同时两臂打开成左手在上五位手（见图 2—47）。

[3] 拍：右腿直立，左臂打开成七位手（见图 2—48）。

[4] 拍：左脚擦地收回，同时两臂还原至一位手。

[5—8] 拍：同 [1—4] 拍动作，动作方向相反。

图 2—46

图 2—47

图 2—48

4× ⑧：

[1] 拍：右臂保持一位手，左臂波浪抬至侧平举。

[2] 拍：右臂保持一位手，左臂向侧推波浪一次（见图 2—49）。

[3] 拍：右手保持一位手，两腿屈膝，上体稍向右倾，同时左臂向上摆至耳侧上举，手心向外（见图 2—50）。

[4] 拍：两腿直立还原，左手经侧还原至一位手。

[5—8] 拍：同 [1—4] 拍动作，动作方向相反。

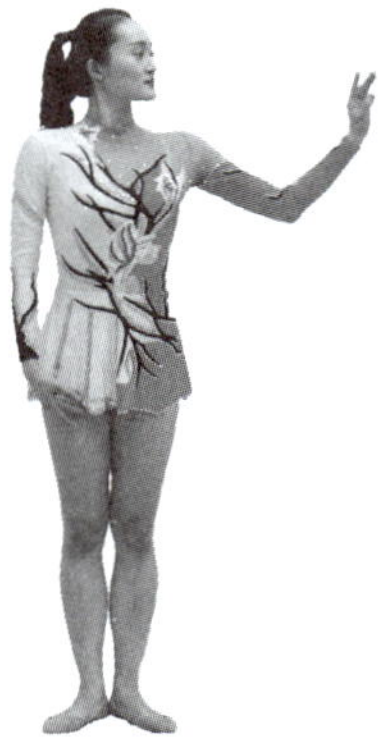

图 2—49

图 2—50

5× ⑧：

[1] 拍：两臂经侧波浪打开至侧举（见图 2—51）。

[2] 拍：两臂向侧推波浪一次（见图 2—52）。

[3] 拍：两腿屈膝，同时两臂头上波浪交叉，抬头看手（见图 2—53）。

[4] 拍：两腿直立，两臂经侧还原至一位手。

[5] 拍：左脚向左迈出（见图 2—54），两腿屈膝开立，同时上体前倾、低头含胸，两臂打开至侧举（见图 2—55）。

图 2—51

图 2—52

图 2—53

图 2—54

[6] 拍：重心左移至左腿直立，右脚点地，同时身体直立，两臂经下波浪提至上举，掌心向前（见图 2—56）。

[7—8] 拍：右脚开始向左依次碎步转体 360°，两臂经侧还原至一位手（见图 2—57）。

6× ⑧：同 6× ⑧动作，动作方向相反。

图 2—55

图 2—56

图 2—57

7× ⑧：

[1—2] 拍：两臂经侧至侧举。

[3—4] 拍：两腿屈膝，低头含胸，同时两臂经前屈臂交叉环抱（见图 2—58）。

[5—6] 拍：两腿直立，上体还原，同时两臂经前打开至侧举（见图 2—59）。

[7—8] 拍：两臂经侧还原至一位手。

图 2—58

图 2—59

8×⑧：

[1] 拍：右腿屈膝，左腿擦地前点，同时右臂波浪至前下举，左臂至后上举（见图 2—60）。

[2] 拍：重心前移，左腿直立，右腿提膝，同时两臂成三位手（见图 2—61）。

[3] 拍：右腿后撤点地，左腿屈膝，两臂打开至七位手（见图 2—62）。

[4] 拍：重心后移，经四位蹲成右腿弯曲，左腿在前（见图 2—63）。

[5—6] 拍：两臂向侧推波浪一次。

[7—8] 拍：收左腿还原直立，两臂还原至一位手。

图 2—60

图 2—61

图 2—62

图 2—63

9×⑧：

[1—2] 拍：身体右转 45°，右腿屈膝，左腿擦地经前逆时针控腿划圆一周（见图 2—64），成右腿直立，左腿伸直后点，同时两臂经前绕环至三位手（见图 2—65）。

[3—4] 拍：右腿屈膝，左腿伸直后点，两臂经下波浪至前举，抬头看手（见图 2—66）。

[5] 拍：右腿直立，左腿向侧擦地，两臂水平打开至七位手（见图 2—67）。

[6—7] 拍：左腿擦地一次。

[8] 拍：左腿收回还原直立，两臂成一位手。

10×⑧：同 9×⑧动作，动作方向相反。

11×⑧：同 10×⑧动作，动作方向相反，且第八拍右腿收回直立，两臂上举至三位手。

图 2—64

图 2—65

图 2—66

图 2—67

12× ⑧：

[1—2] 拍：向左完成一次身体侧波浪（见图 2—68）。

[3—4] 拍：完成一次身体后波浪，低头含胸，双腿屈膝（见图 2—69）。

[5] 拍：左腿直立，右腿后踢，同时左臂上举，右臂前举（见图 2—70）。

[6] 拍：右腿收回，左腿屈膝，右腿屈膝后点，低头含胸，两臂下举（见图 2—71）。

[7—8] 拍：完成一次身体前波浪，两臂成三位手。

图 2—68

图 2—69

图 2—70

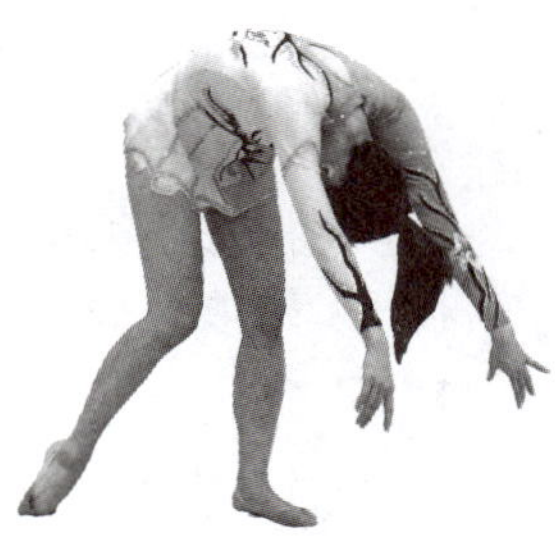
图 2—71

13× ⑧：

[1] 拍：左腿直立，右腿提膝，两臂成三位手（见图 2—72）。

[2] 拍：左腿屈膝，右腿伸直侧点，右臂经前打开，左臂经后打开，抬头挺胸（见图 2—73）。

[3] 拍：上体完成一次后波浪，两臂至下举（见图 2—74）。

[4] 拍：两腿伸直提踵，上体直立，两臂经前至三位手（见图 2—75）。

[5—8] 拍：两腿依次碎步顺时针转体 360°（见图 2—76），两臂经侧还原至一位手。

14×⑧：同 13×⑧动作，动作方向相反。

15×⑧：同 14×⑧动作，动作方向相反。

图 2—72　图 2—73　图 2—74　图 2—75　图 2—76

16×⑧：

[1] 拍：右臂保持一位手，左臂波浪抬至侧平举。

[2] 拍：右臂保持一位手，左臂向侧推波浪一次。

[3] 拍：两腿屈膝，上体稍向右倾，右手保持一位手，左手向上波浪至耳侧，手心向外。

[4] 拍：两腿直立还原，左手经侧还原至一位手。

[5—8] 拍：同 [1—4] 拍动作，动作方向相反。

17×⑧：

[1] 拍：右臂保持一位手，左臂波浪抬至侧平举。

[2] 拍：右臂保持一位手，左臂向侧推波浪一次。

[3] 拍：右腿屈膝，左腿伸直侧点，上体稍向右倾，右手保持一位手，左手向上波浪至耳侧，手心向外。

[4] 拍：两腿直立还原，左手经侧还原至一位手。

[5—8] 拍：同 [1—4] 拍动作，动作方向相反。

18× ⑧：

[1] 拍：两臂经侧波浪打开至侧举。

[2] 拍：两臂向侧推波浪一次。

[3] 拍：两腿屈膝，同时两臂头上波浪交叉，抬头看手。

[4] 拍：两腿直立，两臂经侧还原至一位手。

[5] 拍：左脚向左迈出，同时两腿屈膝，上体前倾，低头含胸，两臂打开至侧举。

[6] 拍：重心左移至左腿直立，右脚点地，同时上体直立，两臂经下波浪提至上举，掌心向前。

[7—8] 拍：右脚向左依次碎步转体 360°，两臂经侧还原至一位手。

19× ⑧：同 19× ⑧动作，动作方向相反，且第八拍两臂经侧下落再提至三位手。

20× ⑧：

[1—2] 拍：左脚向前碎步跑，两臂经侧下落（见图 2—77）。

[3] 拍：左腿向左侧迈出成弓步，左臂波浪打至侧举（见图 2—78）。

[4] 拍：重心右移，右腿直立，左腿点地，左臂斜上举（见图 2—79）。

[5—6] 拍：左臂带领完成一次身体螺旋波浪（见图 2—80）。

[7—8] 拍：身体右转 180°，两臂经侧成三位手（见图 2—81）。

21× ⑧：同 21× ⑧动作，动作方向相反。

22× ⑧：

[1—8] 拍：两臂经侧打开至七位手，收势还原成预备姿势。

图 2—77

图 2—78

图 2—79

a） b）

图 2—80

a） b）

图 2—81

练习提示

1. 练习的初始阶段，可先体会波浪的单个基本动作，再练习组合动作。身体波浪动作相对较难掌握，可先扶把练习，再离把练习。

2. 手臂波浪以肘领先，带动手臂各关节依次屈伸。身体波浪顶胯充分，以立腰、挺胸、抬头结束。下肢屈伸移重心动作要匀速、缓慢，有较明显的上下起伏过程。

3. 加强身体波浪练习，加大顶髋的力度，提高身体幅度。整套动作身体舒展、波峰明显，头及上下肢配合协调自然。

4. 认真做好每一个八拍的第八拍动作（结束姿势），即上一个动作的结束就是下一个动作的开始，保证组合动作的流畅性。

四、把杆基本动作及组合

把杆是帮助练习者保持身体平衡的一个辅助支撑物。把杆练习是指练习者借助把杆的支撑来保持身体平衡，主要完成下肢运动的专门性练习。一般把杆的高度与练习者的腰部齐平。

把杆练习是形体训练中塑造下肢形态和提高身体控制能力的最有效的方法之一。人体下肢是支持人体直立并使人体产生位移的运动器官，是人体站立、行走和跑跳的基础。下肢的形态对人体形态有重要的影响，优美的下肢会使人体显得更加挺拔、富于线条、充满活力。

把杆基本动作及其组合练习主要通过腿部的绷、控、屈伸、摆动等各种动作的专门练习来增强腿部和躯干的控制能力，加强腿部绷直外旋的控制意识和身体控制能力，培养身体的节奏感和灵活性。

进行把杆练习，首先必须掌握正确的扶把方法（见图 2—82）。

单手扶把：练习者侧对把杆站立，距离把杆约一脚远。左手或右手略微在身体前轻扶把杆，手臂自然弯曲放松，肘关节下垂，不扶把的手于腹前成一位手，人体保持基本站立姿势。注意在扶把练习的过程中，不能出现紧握把杆、身体靠向把杆或用力外拉把杆等动作。

双手扶把：练习者面对把杆站立，距离把杆约一脚远，屈臂，双手手心向下轻扶把杆，人体保持基本站立姿势。手扶把杆时，重心控制在支撑腿上，手轻扶把杆，手臂自然弯曲下垂。

a）单手扶把方法

b）双手扶把方法

图 2—82　扶把方法

1．下蹲动作及其组合

（1）下蹲基本动作

动作做法

半蹲：右手扶把，一位脚站立。

[1—4] 拍：缓慢屈膝下蹲至膝关节的角度大于 90°，上体立直（见图 2—85 和图 2—88）。

[5—8] 拍：缓慢伸膝至直立。

全蹲：右手扶把，二位脚站立。

[1—4] 拍：缓慢屈膝下蹲至膝关节角度小于 90°（膝关节完全弯曲，臀部下沉至最低部位），同时脚跟抬起（见图 2—86 和图 2—89）。

[5—8] 拍：缓慢伸膝至直立。

动作要领

蹲、起动作均有控制地上下垂直移动，重心落在两脚之间；下蹲时两膝充分外展，与脚尖方向一致，并有意识地下压脚跟，全蹲至最大幅度时拔腰、紧胯、提臀，上体直立。

(2) 下蹲动作组合

练习目的

锻炼腿外开及腿部和背部肌肉的控制能力，提高腿部肌肉韧带的伸展性和弹性，同时增强膝关节、跟腱和后背的力量。

预备姿势

右手扶把，左手成一位手，一位脚或八字脚站立（见图 2—83）。

动作做法

前奏：

[1—4] 拍：左臂经二位打开至七位手（见图 2—84）。

图 2—83

图 2—84

1×⑧：

[1—4] 拍：缓慢屈膝至半蹲，左臂控制不动（见图 2—85）。

[5—8] 拍：缓慢伸膝至直立，左臂控制不动。

2×⑧：同 1×⑧动作。

3×⑧：缓慢屈膝至全蹲、立踵，同时左臂还原至一位手（见图 2—86）。

4×⑧：

[1—6] 拍：缓慢伸膝站立，同时左臂抬至二位手。

[7—8] 拍：左脚向侧擦出，至二位脚站立，同时左臂打开至七位手（见图 2—87）。

5×⑧：

[1—4] 拍：二位脚站立，缓慢屈膝至半蹲，左臂控制不动（见图 2—88）。

图 2—85

图 2—86

图 2—87

图 2—88

[5—8] 拍：缓慢伸膝至直立，左臂控制不动。

6× ⑧：同 5× ⑧动作。

7× ⑧：二位脚站立，缓慢屈膝至全蹲、立踵，同时左臂还原至一位手（见图 2—89）。

图 2—89

8× ⑧：

[1—6] 拍：缓慢伸膝站立，同时左臂经二位手打开至七位手。

[7—8] 拍：左脚收回至一位脚或八字脚，同时左臂还原至一位手。

接着，向后转体 180°，左手扶把，重复 1× ⑧—8× ⑧的动作。

练习提示

1. 先做手叉腰的下蹲练习，逐渐再过渡到配合手臂的练习。先练习半蹲动作，动作能力提高后再进行全蹲练习。练习时侧对镜子，重点观察腿、胯的外开和身体姿态。

2. 下蹲与直立动作要求匀速、缓慢、连贯，重心均匀地落在两脚之间，使身体重心在一条垂直线上移动。

3. 半蹲时，脚跟应始终不离地面；全蹲时，身体保持正直。

2. 擦地动作及其组合

（1）擦地基本动作

动作做法

右手扶把，成左脚在前三位脚站立。

[1] 拍：左脚脚跟领先、脚面绷起，脚尖沿直线向前擦出点地，左脚尖与右脚跟在一条直线上（见图 2—90）。

[2] 拍：左脚跟逐渐下压，收回至三位脚。

左脚向侧擦出时，两脚脚跟在一条横线上，膝盖脚面绷直向上（见图 2—91），并依次收回到右脚前和右脚后。

动作要领

向前擦地时，脚后跟领先发力（向后擦地时脚尖领先发力），脚擦至最远、点地制动，脚面膝盖绷直外展，同时收腹、拔腰、夹臀，固定住髋部，最后沿擦出的路线收回。

（2）擦地动作组合

练习目的

增强腿部肌肉的控制能力和脚面绷起的力量，提高腿部动作的节奏感和制动感。

预备姿势

右手扶把，左手成一位手，成左脚在前三位脚站立。

动作做法

前奏

[1—4]：左臂经二位打开至七位手。

1× ⑧：

[1] 拍：左脚沿直线向前擦地（见图 2—90）。

[2] 拍：左脚擦地收回至三位脚。

[3—8] 拍：连续完成 3 次 [1—2] 拍动作。

2× ⑧：

[1] 拍：左脚沿直线向侧擦地（见图 2—91）。

[2] 拍：左脚沿直线收回至右脚前成三位脚。

[3] 拍：同第一拍的动作。

[4] 拍：左脚沿直线收回至右脚后成三位脚。

[5—8] 拍：同 [1—4] 拍动作。

3× ⑧：

[1] 拍：左脚沿直线向后擦地（见图 2—92）。

[2] 拍：左脚沿直线收回成三位脚。

[3—8] 拍：连续完成 3 次 [1—2] 拍动作。

4× ⑧：同 2× ⑧动作。注意第二拍、第六拍左脚收回至右脚后，第四拍、第八拍收回至右脚前，第八拍回到预备姿势结束。

接着，向后转体 180°，左手扶把，重复 1× ⑧—4× ⑧动作。

图 2—90

图 2—91

图 2—92

练习提示

1. 练习前做脚背的拉伸练习，舒展脚背同时防止出现脚背抽筋。

2. 练习过程中，动作的节奏可由慢到快，如一开始可两拍一动，然后再过渡到一拍一动。练习方式也可由简单到复杂，如由前、侧、后各个方向分开独立练习的单一练习方式，过渡到前、侧、后三个方向各四次或各一次的交替练习。

3. 擦地动作要求节奏清楚，快速到位，方向正，动作有力度和控制感。

4. 支撑腿和动作腿始终绷直并外展，上体立直，固定住髋部，防止出现屈膝，动髋的技术错误。

3．小踢腿动作及其组合

（1）小踢腿基本动作

动作做法

右手扶把，成左脚在前三位脚站立。

[1] 拍：左脚经擦地快速而有力地向前踢出，急停在 20°～30° 的位置，脚面膝盖绷直并向外展（见图 2—93 至图 2—95）。

[2] 拍：左脚经擦地收回至三位脚。

向侧、向后小踢腿动作同向前小踢腿动作。向侧踢出后，依次收回至支撑脚的前、后位置。

动作要领

动作腿踢出和收回时经过擦地的过程。向前和向后踢腿时，膝盖脚面绷直外展；向侧踢腿时，充分开胯，膝盖脚面向上，同时夹臀、收腹、拔腰，固定住髋关节。

（2）小踢腿动作组合

练习目的

培养腿的绷、控意识，提高腿肌力量和控制能力，改善腿部形态。

预备姿势

右手扶把，左手成一位手，成左脚在前三位脚站立。

动作做法

前奏

[1—4] 拍：左臂经二位手打开至七位手。

1×⑧：

[1] 拍：左脚经擦地向前踢出，控制在 20°～30° 的位置前举（见图 2—93）。

[2] 拍：左脚收回到至右脚前成三位脚。

[3—4] 拍：同 [1—2] 拍动作。

[5] 拍：同第一拍动作。

[6—7] 拍：左脚尖有节奏地点地两次。

[8] 拍：左腿收回到至三位脚。

2× ⑧：左脚经擦地向侧小踢腿，控制在 20°～30° 的位置侧举（见图 2—94），动作方法同 1× ⑧动作，但左脚依次收回至右脚前、后，最终成右脚在前三位脚。

3× ⑧：左脚经擦地向后小踢腿，控制在 20°～30° 的位置后举（见图 2—95），动作方法同 1× ⑧动作。

4× ⑧：同 2× ⑧动作，左脚依次收回至右脚后、前，最终成左脚在前三位脚站立结束。

接着，向后转体 180°，左手扶把，换右腿重复 1× ⑧—4× ⑧动作。

图 2—93

图 2—94

图 2—95

练习提示

1. 练习前做脚背的拉伸练习，舒展脚背同时防止出现脚背抽筋。

2. 腿踢出和点地的动作应快速有力，有节奏感和控制感。

3. 动作腿踢出和收回时经过“擦地”的过程。

4. 向前和向后踢腿时，膝关节和脚面充分绷直外展；向侧踢腿时，尽量开胯，同时膝关节和脚面向上，髋部保持固定不动，上体立直。

4．划圆动作及其组合

（1）划圆基本动作

动作做法

右手扶把，左脚在前成三位脚站立。

［1—2］拍：左脚向前擦出至最远点。

［3—6］拍：左脚向后划弧至后点地。

［7—8］拍：左脚经擦地收回到一位脚。至此，左脚完成一个向后划圆的动作。

注：［1—8］拍动作是一个连续不断的划圆过程，中间没有停顿（见图2—96）。左脚也可向后擦出，完成向前划圆动作。

划圆动作还可以用主力腿屈膝姿势完成：即左脚向前或向后擦出划圆时，右腿屈膝支撑，当左腿收回时，伸膝直立（见图2—97）。

动作要领

重心控制在支撑腿上，动作腿始终伸直移动，脚尖走最远的距离。向后划圆时，脚尖领先，腿外展；向前划圆时，脚跟领先，腿外展。同时，夹臀、拔腰、收腹，固定住髋部，上体立直。

（2）划圆动作组合

练习目的

增强胯部和踝部的柔韧性，提高腿部的控制能力和表现力。

预备姿势

右手扶把，左手成一位手，成左脚在前三位脚站立。

动作做法

前奏：

［1—4］拍：左臂经二位打开至七位手。

1× ⑧：

[1—8] 拍：左脚向前擦出，经侧向后划圆，收回至一位脚，左臂还原至一位手（见图 2—96）。

2× ⑧：同 1× ⑧动作。

3× ⑧：

[1—8] 拍：左脚向后擦出，经侧向前划圆，收回至一位脚，左臂还原至腹前下举。

4× ⑧：同 3× ⑧动作。

5× ⑧：

[1—8] 拍：左脚向前擦出，同时右腿屈膝支撑，接着左脚向后划圆，收回至一位脚同时左腿直立，左臂还原至腹前下举（见图 2—97）。

6× ⑧：同 5× ⑧动作。

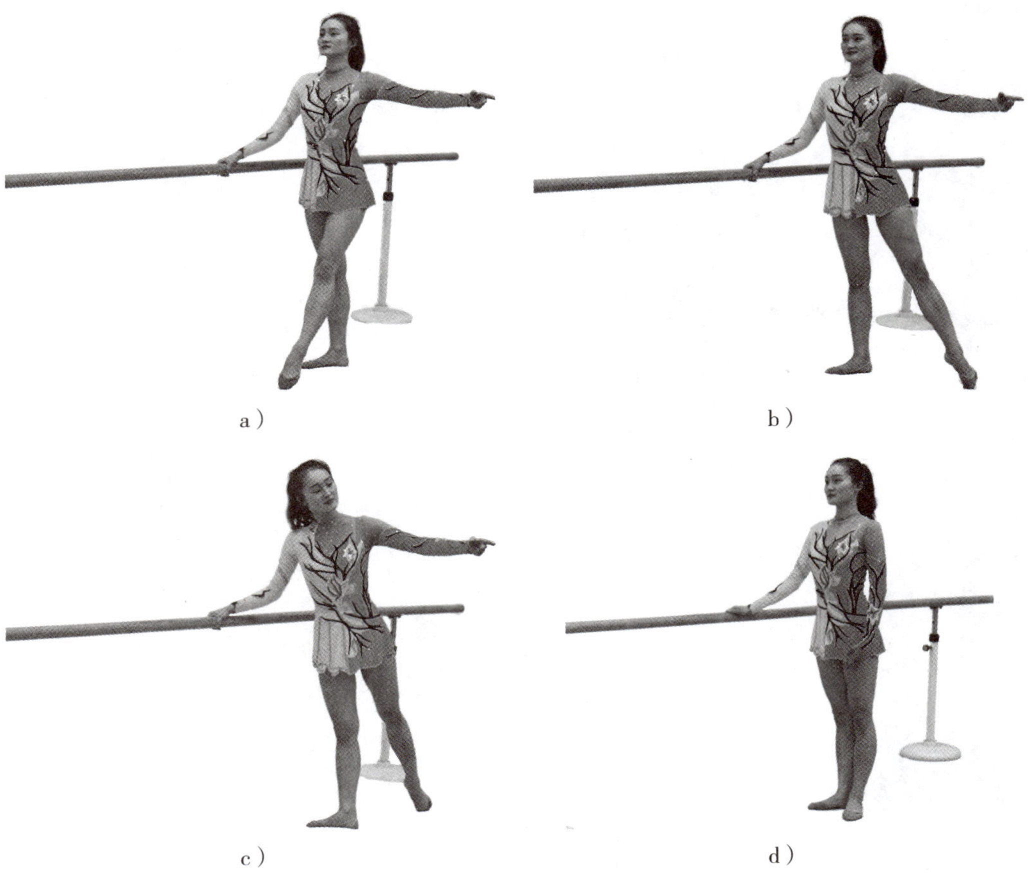

a)　b)　c)　d)

图 2—96

7× ⑧：

[1—8] 拍：左脚向后擦出，同时右腿屈膝支撑，接着左脚经侧向前划圆，收回至一位脚同时右腿直立。

8× ⑧：同第 7× ⑧动作。第八拍回到预备姿势结束。

接着，向后转体 180°，左手把杆，换右脚重复 1× ⑧—8× ⑧拍动作。

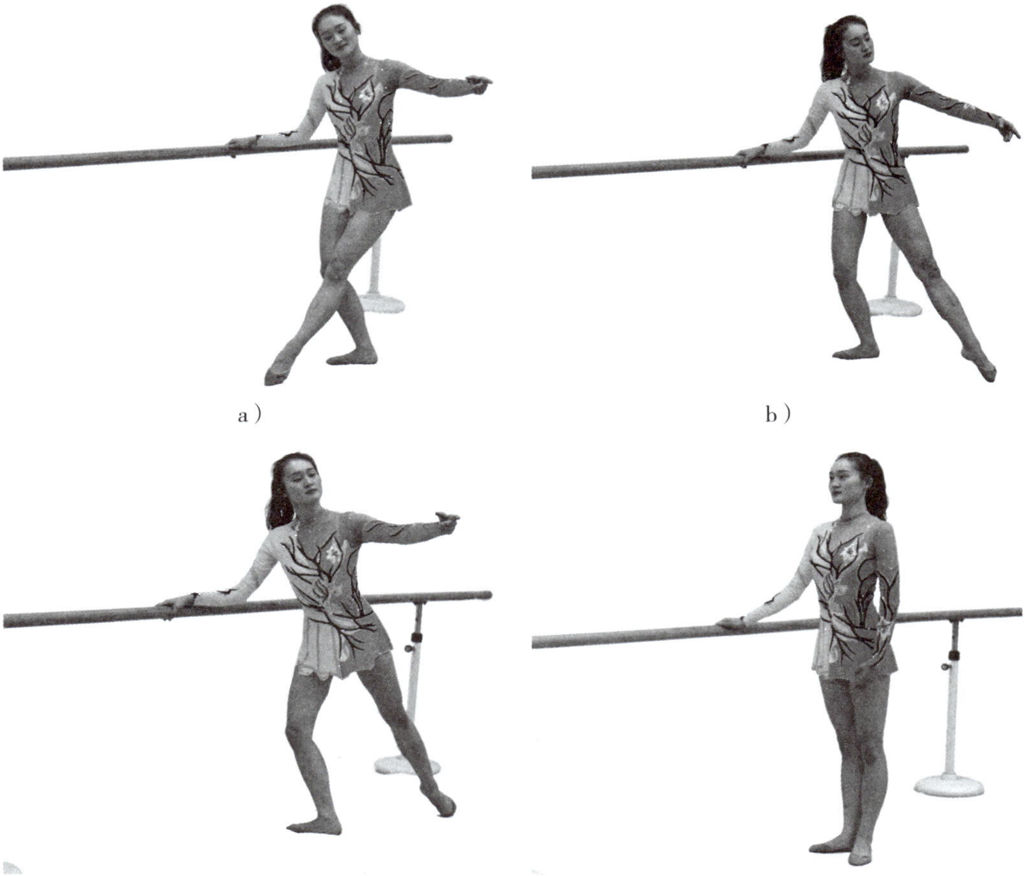

a）　b）　c）　d）

图 2—97

练习提示

1. 动作腿始终绷直并外展，脚尖划圆动作连贯，速度均匀、缓慢，脚尖走最远的距离。

2. 注意向后划圆时，脚尖领先，腿尽量外展；向前划圆时，脚跟领先腿外展，同时髋部保持稳定并控制好上体姿态。

3. 动作熟练后可加快划圆的速度，例如，四拍完成一次划圆动作。

5. 重心移动动作及其组合

（1）重心移动动作

动作做法

1）重心前后移动动作

右手扶把，成左脚在前三位脚站立。

[1—4] 拍：右脚支撑站立，左脚向前迈步、屈膝，重心前移至两腿之间、经屈膝半蹲至左腿支撑站立，右脚后点地（见图 2—98）。

[5—8] 拍：重心后移至两腿之间，经屈膝半蹲至右腿支撑站立，左脚前点地，上体立直。

2）重心向侧移动动作

双手扶把，八字脚或一位脚站立。

[1—4] 拍：右脚支撑站立，左脚向侧迈步、屈膝，重心向左移至两腿之间、经屈膝半蹲至左腿支撑站立，右腿侧点地（见图 2—99）。

[5—8] 拍：同 [1—4] 拍动作，动作方向相反。

动作要领

重心移动需从主力腿屈膝下移开始、水平向前（后）或向侧移动。移动时大腿肌群用力、速度均匀缓慢，髋部和上体控制稳定。向侧移重心时充分开胯。

（2）重心移动动作组合

练习目的

建立运动中的重心概念，培养身体重心移动的能力，提高身体控制力和稳定性。

预备姿势

右手扶把，左手成一位手，左脚在前三位脚站立。

动作做法

前奏：

[1—4] 拍：左臂经二位打开至七位手。

1×⑧：

[1—4] 拍：左脚向前迈步，经屈膝半蹲，匀速完成重心向前移动动作（见图 2—98）。

[5—8] 拍：左腿屈膝开始，经屈膝半蹲，匀速完成重心向后移动动作。

2×⑧：同 1×⑧拍动作。

3×⑧：

[1—2] 拍：左脚向前迈步，经屈膝半蹲，较快速度（两拍）完成重心向前移动动作，同时左臂经下摆至前举（掌心向下）。

[3—4] 拍：左腿屈膝开始，经屈膝半蹲，较快速度（两拍）完成重心向后移动动作，同时左臂经下摆至侧后举（掌心向下）。

[5—6] 拍：左腿向前迈步，经屈膝向前移重心，至右脚并于左脚后成提踵站立，同时左臂经下向前摆至上举。

[7—8] 拍：同 [1—2] 拍动作。

注：[5—8] 拍是一个连续不断的动作。

4×⑧：同 3×⑧拍动作，只是方向相反，即完成重心向后移动动作，第八拍换成双手扶把，八字脚站立。

5×⑧：

[1—4] 拍：左脚向侧迈步，经屈膝半蹲，完成重心向左侧移动动作（见图 2—99）。

[5—8] 拍：同 [1—4] 拍动作，动作方向相反。

6×⑧：同 5×⑧拍动作，第八拍左脚收回至八字脚站立，结束。

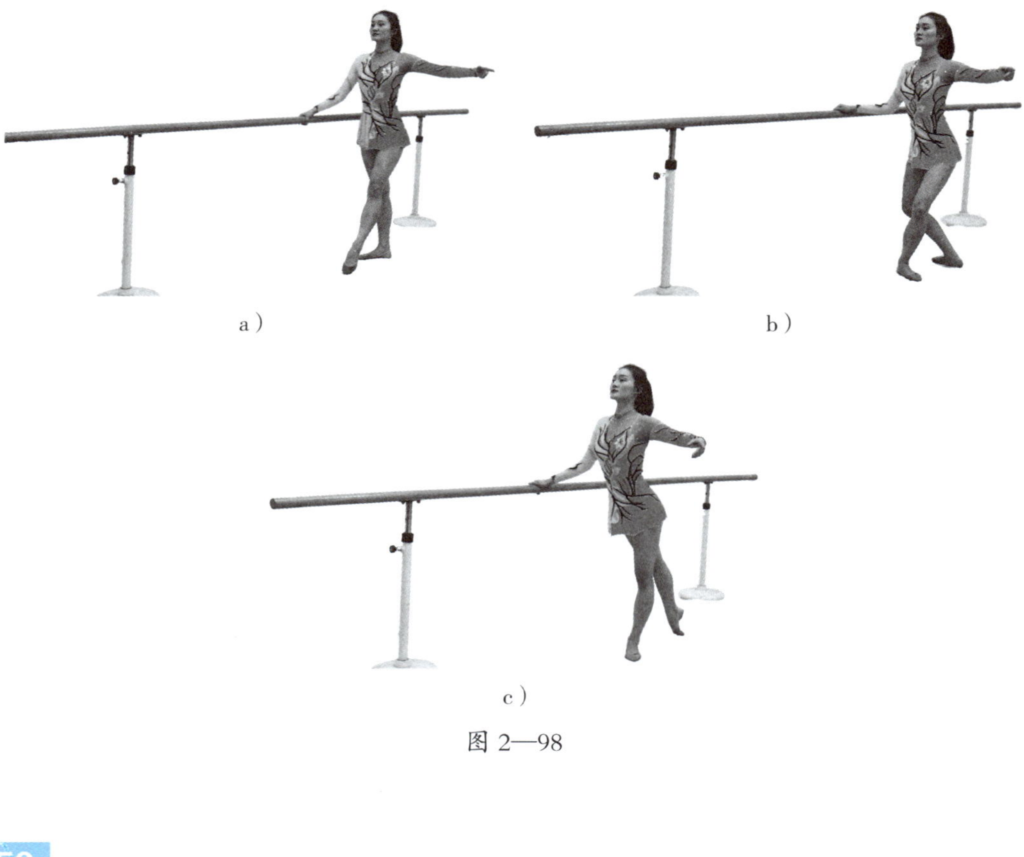

a） b） c）

图 2—98

a）

b）

c）

图 2—99

练习提示

1. 重心移动练习简单易做，但在形体训练中，练习者较易缺乏重心移动的意识和能力。练习时，应认真按照动作方法和要领细心体会和练习。

2. 腿部有控制地屈、伸，重心移动的速度均匀、缓慢。

3. 3× ⑧、4× ⑧动作为“快速屈膝移重心”动作，练习时注意保持明显的“上下起伏”屈伸移动重心的动作。

6．提踵动作及其组合

（1）提踵基本动作

动作做法

八字脚站立，提踵至最高点，脚后跟并拢，身体直立，控制八拍或四拍、或两拍后，脚后跟落地站立。

动作要领

踝部发力、提踵，脚跟提起和下落时必须有控制，上体保持直立，腹部、臀部收紧，髋部控制稳定。

（2）提踵动作组合

练习目的

锻炼踝部和小腿肌力，提高踝部的柔韧性、力量和控制能力，增强腿部的力度感和身体平衡能力。

预备姿势

右手扶把，两腿并拢成八字脚站立，左手叉腰，身体保持规范的站姿。

动作做法

1×⑧：

[1—2] 拍：双脚提踵站立，上体立直（见图 2—100）。

[3—4] 拍：双脚脚跟落下还原。

[5—8] 拍：同 [1—4] 拍动作。

2×⑧：同 1×⑧动作，但一拍一动，连续完成四次提踵的动作。

3×⑧：

[1—2] 拍：右脚提踵站立，同时吸左腿，开胯，膝关节外展，人体立直，左臂上举（见图 2—101）。

[3—4] 拍：右脚脚跟落下还原，其他部位的姿态保持不动。

[5—8] 拍：同 [1—4] 拍动作。

4×⑧：同 3×⑧动作，但一拍一动，连续完成四次右腿提踵的动作，第八拍左腿放下与右腿并立。

5×⑧：

[1—4] 拍：双脚提踵，同时屈膝半蹲，左臂放于体侧，上体挺直，臀部略向上翘起（见图 2—102）。

[5—6] 拍：双腿伸直，提踵站立。

[7—8] 拍：双脚脚跟落下还原。

图 2—100

图 2—101

图 2—102

6×⑧：同 5×⑧动作，节奏加快一倍，连续完成两遍。

7×⑧：同 5×⑧动作。

8×⑧：同 6×⑧动作。

随后，提踵向后转，左手扶把，右手叉腰，重复一遍上述动作。

练习提示

1. 练习时，先练习双脚提踵动作，再完成单脚练习。动作能力提高后，可尝试二位脚站立练习或离把提踵练习。

2. 提踵时脚跟用力向上顶，脚背尽量与地面垂直。脚跟提起和下落时必须有控制，体现出踝关节的韧性。

第二节　行走姿态训练

行走是人体最自然、最频繁的一种动态姿势。相对于坐姿和立姿，行姿因具有流动感，更能显示出一个人的风度、气质和个性。

在日常生活中，人们可能因为各种原因，养成一些对行姿颇具破坏力的不良习惯，如斜肩、屈膝、低头含胸、探颈、“外八字”、上体前倾或后仰或左右摇晃、走路拖沓无节奏等。严重的不良习惯还将影响到骨骼的正常发育。

对于行姿的培养，除了平时注意行走姿态外，科学系统的专门化训练也是有效的途径和方法。行姿训练就是在强调保持立姿优美的基础上，通过各种基本的行走练习和舞蹈步伐组合练习，帮助练习者改掉行走中各种不良的姿势和习惯，培养符合行姿规范和要求的专门化的训练。行姿练习包括足尖步、变换步和华尔兹步等各种基本步伐练习以及相应的组合练习。行姿练习可有效提高人体的节奏感、灵巧性和身体的控制能力，从而增强人体行走姿态的美感。

一、基本行走姿态

行走方法

行走时，迈腿方向正，小腿前带，脚尖向前并稍向外展，脚跟先落地，自然过渡到前脚掌，重心随之前移，两腿交替迈步行走。同时上体保持正直，收腹展胸，下颌稍仰起，双眼平视前方（见图 2—103）。肩臂放松，两臂前后自然摆动，整体上应给人以端庄、挺拔、有节奏的感觉。

图 2—103　行走姿态

行走要领

行走时应保持舒展的姿态，脚跟先落地，自然过渡到前脚掌落地，重心随之前移。注意在脚落地的瞬间伸直膝关节，脚尖稍向外展，两脚脚跟内侧沿直线行走，两臂前后自然摆动，摆幅一般控制在 30°以内。步伐节奏清晰，重心平稳，步幅适中、均匀。

二、基本步伐及其组合

1．足尖步及其组合

（1）足尖步

动作做法

双脚提踵并立开始，左腿或右腿向前迈步，脚尖着地过渡到前脚掌，重心随之前移，另一腿自然跟上，两腿交替沿直线行进。两臂叉腰或前后自然摆动，一拍一步。足尖步包括向前足尖步、向后足尖步和半蹲足尖步等，同时配合手臂动作或转体动作完成。

动作要领

直立行走时，踝部用力、立踵，腿绷直外展，髋部控制稳定，步幅稍小，重心随腿前移。半蹲行走时，收腹提臀、保持高重心，小腿自然前伸。

(2) 足尖步组合

练习目的

熟练掌握足尖步基本动作，发展踝部力量和身体平衡能力，提高身体在行进中的节奏感和控制力，培养良好的行走姿态。

预备姿势

基本站立姿态，双脚提踵并立，两臂自然下垂（见图 2—104）。

动作做法

1× ⑧：

[1—8] 拍：左脚开始向前足尖步行进，同时两臂前后自然摆动（见图 2—105）。

2× ⑧：

[1—8] 拍：左脚开始向前屈膝足尖步，同时身体向左转、右肩向前，双手叉腰，抬头挺胸（见图 2—106）。

3× ⑧：同 1× ⑧动作，动作方向相反。

4× ⑧：同 2× ⑧动作，动作方向相反。

图 2—104

图 2—105

图 2—106

5× ⑧：

[1—2] 拍：左、右脚依次向前足尖步，同时两臂由一位手抬至二位手（见图 2—107）。

[3—4] 拍：左、右脚依次向前足尖步，同时两臂抬至三位手（见图 2—108）。

[5—6] 拍：左、右脚依次向前足尖步，同时两臂经侧打至七位手（见图 2—109）。

[7—8] 拍：左、右脚依次向前足尖步，同时两臂还原至一位手（见图 2—110）。

6×⑧：同 5×⑧动作。

图 2—107

图 2—108

图 2—109

图 2—110

7×⑧：

[1—4] 拍：左脚开始向前足尖步，同时两臂经前手臂波浪抬至前上举（见图 2—111）。

[5—8] 拍：两腿屈膝提踵向右转动 360°（见图 2—112），同时两臂经前还原至侧下举。

8×⑧：同 7×⑧拍动作，动作方向相反。最后一拍落脚，还原直立。

图 2—111

图 2—112

练习提示

1. 足尖步组合的路线也可设计为正方形、半圆形或八字的斜线形进行练习，动作采用前进和后退的形式，完成步伐的移动动作。变向行走练习，注意移动的路线、方向。

2. 行走时，注意腿伸直、脚尖稍向外展，踝部发力、起踵高，收腹拔腰，迈腿方向正，沿直线行走。手臂保持弧形匀速移动，手位准确并与下肢步伐节奏一致，头随手动。

3. 足尖步组合完成后需要做小腿的伸展练习，使小腿得以伸展和放松。

2. 变换步及其组合

变换步是一种变换形式的走步，包括基本变换步、举腿变换步、转体变换步和变换步跳等多种完成形式。可向前、向侧或向后不同方向配合相应手臂动作完成。

(1) 变换步

动作做法

1) 向前变换步

[1] 拍：左（右）脚向前一步柔软步，两臂成一位手。

[2] 拍：右（左）脚与左（右）脚并立，两臂成一位手。

[3—4] 拍：左（右）脚向前一步柔软步，重心前移至左（右）脚支撑站立，右（左）腿伸直，脚尖后点地，同时右（左）臂摆至前平举，左（右）臂摆至侧平举（两臂掌心向下），上体立直，头看左（右）手。

2) 向侧、向后变换步

动作做法同向前的变换步。迈腿方向分别向侧、向后，同时手臂动作可相应做改变。

动作要领

腿迈出时，脚尖先落地，由脚尖过渡到全脚，重心跟进，立腰提胯。步伐协调、连贯，上体立直，姿态控制稳定。

(2) 变换步动作组合

练习目的

掌握变换步基本动作，发展下肢的协调性、灵活性，提高身体在行进中的控制能力和表现力，培养良好的行走姿态。

预备姿势

左脚在前，丁字步站立，两臂成一位手（见图 2—113）。

动作做法

1×⑧：

[1—4] 拍：左脚向前变换步一次（见图 2—114），同时左臂摆至侧举，右臂摆至前举，双手掌心向下（见图 2—115）。

[5—8] 拍：同 [1—4] 拍动作，动作方向相反。

图 2—113

图 2—114

图 2—115

2×⑧：

[1—4] 拍：左脚向侧变换步一次，同时两臂经一位手，左臂摆至侧上举，右臂摆至前举，双手掌心向下（见图 2—116）。

[5—7] 拍：重心移至右脚，左脚并于右脚外侧（见图 2—117），同时向右转体 360°，两臂经侧抬起至三位手（见图 2—118）。

[8] 拍：落脚还原，两臂经侧还原至一位手。

3×⑧：

[1—4] 拍：右脚向后变换步一次，同时两臂经一位手，左臂向后摆至后上举，右臂摆至前下举，双手掌心向下（见图 2—119）。

[5—8] 拍：同 [1—4] 拍动作，动作方向相反。

4×⑧：

换右脚变换步，同 2×⑧动作，动作方向相反。

5×⑧：

[1—2] 拍：右脚提踵向侧迈一步，随后左脚并于右脚，两臂保持三位手。

[3—4] 拍：右脚向右侧迈一步后落脚屈膝，左腿向侧下举，同时上体稍向右转，两臂打开至左臂前举，右臂后举，掌心向上（见图 2—120）。

[5—6] 拍：身体右转 90°，左脚向前迈一步，随后右脚并于左脚后，两臂经侧还原至一位手。

图 2—116

图 2—117

图 2—118

图 2—119

[7—8] 拍：左脚向前迈一步，重心移至左腿，右腿后下举，同时左臂经侧至侧举，右臂经前至上举（见图 2—121）。

6× ⑧：

[1—6] 拍：左腿还原，提踵屈膝碎步向左转体 360°，同时两臂经侧还原至体侧（见图 2—122）。

[7—8] 拍：还原提踵直立，两臂由一位手抬起至三位手。

7× ⑧：同 5× ⑧动作，动作方向相反。

8× ⑧：同 6× ⑧动作，动作方向相反。[7—8] 拍落脚还原直立，同时两臂还原至一位手。

图 2—120

图 2—121

图 2—122

练习提示

1. 掌握动作变化的规律，先练习下肢动作，再练习上肢动作，最后再做上下肢配合练习。

2. 支撑腿伸直，动作腿无论是点地、举起或跳起腾空时，注意脚面绷直，腿伸直外展，有控制感。跳步节奏清晰，动作轻巧、流畅。

3. 在动作熟悉的基础上，可变换音乐或改变动作形式，尝试创编新颖的跳步动作。

3. 华尔兹步及其组合

华尔兹步属于基本舞步之一，三拍完成，具有舒展、流畅、上下起伏的动作特点。它包括基本的华尔兹步、转体华尔兹步、华尔兹步跳等多种不同的完成形式。华尔兹步同其他基本步伐一样，可向前、向侧或向后等不同方向配合相应的手臂动作完成。

（1）华尔兹步

动作做法

1）向前华尔兹步

双脚提踵立，双手叉腰开始。

[1] 拍：左脚向前迈步，随即屈膝支撑，同时重心移至左腿，右腿自然屈膝跟上，脚面绷起。

[2] 拍：右脚向前足尖步。

[3] 拍：左脚向前足尖步。

2）向后华尔兹步

双脚提踵并立，双手叉腰开始。

[1] 拍：左脚向左后方迈步，随即重心后移至左腿屈膝支撑，同时右腿向后撤。

[2] 拍：右脚向后足尖步。

[3] 拍：左脚足尖步与右脚并站立。

3）向侧华尔兹步

双脚提踵并立，双手叉腰。

[1] 拍：左脚向左侧迈一小步，脚尖先着地再过渡到全脚，同时屈膝，重心移至左腿，右腿自然屈膝跟上。

[2] 拍：右腿屈膝并于左脚后点地。

[3] 拍：右腿蹬直，左腿与右腿并立。

动作要领

迈步时，支撑腿伸直，身体重心及时前（侧、后）移跟进。脚迈出时，脚尖柔和着地再过渡到全脚，腿有控制地屈伸，重心自然起伏。

（2）华尔兹步动作组合

练习目的

掌握华尔兹步基本步伐，进一步提高身体的协调性、韵律感和表现力，丰富练习内容，提高练习兴趣，培养良好的身体姿态。

预备姿势

基本站立姿势，双手背于腰后（见图 2—123）。

动作做法

1× ③：

[1—3] 拍：左脚向前华尔兹步一次，双手背于腰后（见图 2—124 至图 2—126）。

2× ③：

[1—3] 拍：右脚向前华尔兹步一次，双手背于腰后。

3× ③：同 1× ③动作。

4× ③：同 2× ③动作。

图 2—123

图 2—124

图 2—125

图 2—126

5× ③：

[1—3] 拍：左脚向后华尔兹步一次，同时身体稍向左转，双手经水平摆至右手前下举，左手后上举，抬头看右手（见图 2—127 和图 2—128）。

6× ③：

[1—3] 拍：右脚向后华尔兹步一次，身体动作同第 5× ③动作，动作方向相反。

7× ③：同 5× ③动作。

8× ③：同 6× ③动作。

9× ③：

[1—3] 拍：左脚向左侧华尔兹步一次，同时左手摆至前上举，右手摆至后下举，抬头看左手（见图 2—129 和图 2—130）。

图 2—127

图 2—128

图 2—129

图 2—130

10× ③：

[1—3] 拍：右脚向右侧华尔兹步一次，同时右手摆至上举，左手摆至前下举，低头看左手。

11× ③：

[1—3] 拍：左脚向前华尔兹步的同时向左转体 360°，两臂经侧前下举摆至三位手（见图 2—131 至图 2—133）。

图 2—131

图 2—132

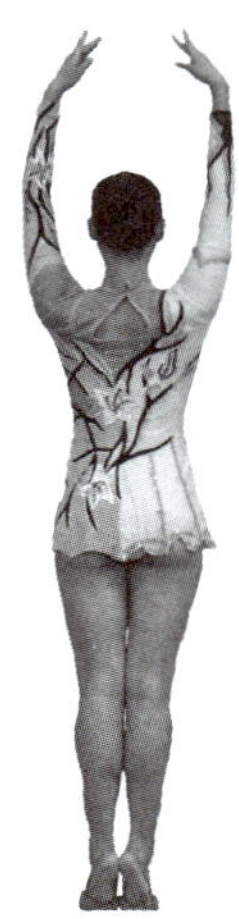

图 2—133

12× ③：

[1—3] 拍：落脚还原，两臂经侧打开还原至一位手。

13× ③：同 9× ③动作，动作方向相反。

14× ③：同 10× ③动作，动作方向相反。

15× ③：同 11× ③动作，动作方向相反。

回到预备姿势结束。

练习提示

1. 了解组合动作变化的规律。先熟练掌握向前的华尔兹步动作，重点体会第一步的动作要领，然后再分别学习向后、向侧华尔兹步动作以及结合转体和小跳的动作。

2. 华尔兹步的第一步步幅应稍大，腿部屈伸柔和，重心移动自然。第二和第三步要求提踵高，步幅小而均匀。转体时注意身体立直、重心平稳、方向准确。

3. 练习华尔兹步组合，注意第三拍的结束动作，重心转换及时。动作舒展、流畅，上下起伏自然，头及上肢动作配合协调，姿态控制优美。

第三节　有姿态的跑跳训练

有姿态的跑跳动作（主要指跳步），从起跳、腾空到落地都有具体规范的要求，强调起跳和落地的准确和身体各部位姿态（尤其是腿部姿态）在空中的有效控制。一般要求起跳快速、向上腾起，空中动作有控制感和瞬时滞留感，落地轻盈、柔和。本节介绍的动作，均以行进间重复的方式进行。各种小跳动作可在节奏轻快、动感，旋律优美的乐曲伴奏下完成练习。

一、行进间跑动练习

1. 足尖跑

动作做法

立踵站立，立腰、挺胸。保持此姿势，两腿交替向前跑动，同时配合手臂波浪动作。两臂波浪可在胸前上下交替，也可在体侧上下交替完成，跑动时下颌扬起看左前方。

动作要领

踝关节发力、立踵，带动脚背和小腿，小步幅、快频率向前跑动。收腹立腰、上体控制稳定。

练习提示

1. 可先双手叉腰练习足尖跑，熟练后再配合手臂波浪练习。足尖跑还可向后、原地跑结合转体等多种形式完成。
2. 在跑动过程中，注意提踵高、步幅小、频率快、重心平稳，脚部移动轻松、流畅，上下肢配合协调，身体姿态优美。

2. 立踵跑跳

动作做法

立踵站立，双手叉腰。左脚蹬地轻轻跳起，同时右腿屈膝抬至 90°，紧接着右腿向前落地并蹬地跳起，同时左腿屈膝抬至 90°，如此连续向前跑跳。

动作要领

跑跳时，脚跟先离地、膝关节带动提膝、蹬地跳起，同时收腹拔腰，前脚掌落地。

练习提示

1. 跑跳基本动作熟练后，可配合手臂动作、转体动作，结合不同方向练习。
2. 在跑动过程中，注意脚跟先离地，脚面绷起、提膝，前脚掌落地并蹬地跳起。起跳时收腹、立腰、重心上提，防止后坐，跑跳动作欢快、轻松。

3. 小踢腿跑跳

动作做法

（1）向前小踢腿跑跳

左脚站立，右腿前下举开始，双手交叉。左腿蹬地跳起，并向前踢至约30°的位置，同时右脚向前落地再蹬地跳起，并向前踢至30°的位置。同时两臂经前摆至上举，如此连续进行。

（2）向后小踢腿跑跳

动作与向前小踢腿跑跳相同，只是右小腿向后折叠开始，左腿蹬地后其小腿向后踢起，同时两臂向后摆至后下举，上体稍向前倾。

动作要领

用前脚掌蹬地跳起、落地，腿向前或向侧踢出时，制动在30°位置，脚面膝盖绷直。小腿后踢折叠时，两膝并拢，膝关节向下，脚面绷直，脚跟踢臀。腾空和落地时，收腹拔腰、提臀，落地轻巧。

练习提示

1. 学习动作前，可先体会原地向前的小踢腿动作。正确掌握前、后踢腿的跑跳动作以后，再配合上肢动作，并按一定的节奏，将前、后踢腿跑跳动作结合起来练习。例如，前踢腿跑跳4次，接着后踢腿跑跳4次，多次重复。

2. 在跑跳过程中，按照正确的动作要领完成练习。注意用前脚掌落地并向前上方蹬地跳起，有较明显的腾空和前移动作。

二、行进间跳步练习

1. 吸腿跳

动作做法

自然站立，两臂放于体侧。左腿上步蹬地跳起腾空，同时右腿屈膝抬起，脚尖贴于左膝内侧。跳跃时左臂向前摆至前上举，右臂向后摆至后下举，掌心向下。跳起时立腰、挺胸，上体稍向右转，抬头看左手。

动作要领

前脚掌蹬地跳起，同时另一腿的膝关节发力、向上提起，空中脚背绷直，收腹立腰。

练习提示

1. 先做扶把的辅助练习。例如，左腿上步提踵立，右腿屈膝吸腿，慢慢体会身体各部位在空中的控制姿态，两腿交替练习。动作熟练后再学习吸腿跳动作。吸腿跳还可以结合其他跑跳动作练习，例如，跑三步跳一次或并步跳接吸腿跳。两腿交替，连续完成多次。

2. 跳跃动作轻松、舒展，上下肢配合协调。

2. 并步跳

动作做法

（1）向前并步跳

右腿支撑站立，左腿前点地，两臂侧平举。右腿屈膝重心前移，左脚蹬地跳起，空中右腿并于左腿后侧，然后左脚落地。

（2）向侧并步跳

左肩对前进的方向，右腿支撑站立，左腿侧点地，两臂侧平举。右腿屈膝重心侧移到左脚，左腿蹬地跳起，右腿在空中与左腿并拢，然后右腿落地。

动作要领

迈步后，经屈膝、重心前（侧）移至支撑腿、蹬地跳起，空中后腿与蹬地腿并拢伸直，前脚掌落地再过渡到全脚，同时屈膝缓冲，重心前移，身体向上立直。

练习提示

1. 在音乐伴奏下，结合不同方向的并步跳完成练习，左右腿交替练习。

2. 蹬地后向上跳起，防止前冲。空中两腿绷直、并拢，收腹、提气，身体控制成一条直线，两臂向远伸展；落地要轻，重心向前跟进，防止后坐。

3. 屈膝交换腿跳（猫跳）

动作做法

自然站立，两臂上举，成三位手。左脚上步蹬地跳起，左腿与右腿在体前屈膝交换，右脚、左脚依次落地。上体立直、稍向前倾，手臂控制不动，头向左看，连续向前行进。

动作要领

前脚掌蹬地向前上方跳起，膝关节和脚背带动两腿，完成空中交换腿动作。腾空时，收腹拔腰、提气。前脚掌先落地再过渡到全脚，重心随之前移。

练习提示

1. 可先做辅助练习。例如，仰卧体会两腿在空中的控制姿势和交换腿动作，然后原地练习，再做行进间连续的屈膝交换腿跳动作。

2. 练习时，注意按正确的动作要领完成动作，动作轻巧、连贯，腾空稍低。空中脚面绷直，两腿屈膝外开，大小腿之间弯曲成钝角。

4．踏跳步

动作做法

自然站立，两臂成一位手。左脚上步蹬地跳起，右腿伸直后摆，同时右臂向前摆至前举，左臂向侧摆至侧举，左脚落地，接着右脚向前完成踏跳步动作，两腿交替连续向前进行。

动作要领

前脚掌过渡到全脚、稍屈膝蹬地跳起和落地。一腿向后伸直摆动，空中两腿绷直，收腹拔腰，身体向上立直。

练习提示

1. 可先分别学习下肢和上肢动作，然后再做上下肢配合的完整练习。踏跳步还可用向后跳、转体跳等多种形式完成。

2. 蹬地起跳时，后腿向远、向上摆起，空中两腿绷直、外展，收腹、立腰，上体挺直，落地轻巧，有控制感。注意跳跃时，手臂配合起跳向上摆动，并控制在相应的位置。

3. 在完成行进间连续踏跳动作时，注意衔接连贯、有节奏感，两腿沿直线迈步蹬地起跳。

5．小跨跳

动作做法

自然站立，两臂成一位手。左脚上步蹬地跳起，同时右腿前摆向前跨出、左腿后举，两腿在空中前后分开，然后右脚落地，同时左臂摆至前平举，右臂摆至侧平举，掌心向下。

动作要领

稍屈膝蹬地，起跳时借助摆腿、摆臂的力量向上腾起，同时收腹拔腰，空中两腿前后伸直摆动。落地时，由前脚掌过渡到全脚落地，稍屈膝缓冲，重心随之前移，上体立直。

练习提示

1. 练习初始阶段，可原地练习蹬、跨、小跳动作，然后加助跑完成小跨跳。随着动作技术水平的提高，可逐渐加大难度，用并步跳连接小跨跳或做连续小跨跳的练习。

2. 起跳时，蹬地有力，配合摆腿、摆臂的力量向上腾起。空中两腿充分绷直，跳起时腹背肌紧张用力，有瞬时滞留感，上体立直，防止前冲和上体前倾。

思考与练习

1. 在该章节内容中，常提到身体重心的概念。请通过资料查阅，简述什么是身体重心。在形体训练中身体重心具有哪些变化形式？

2. 结合身体练习，想一想站立、行走姿态的动作要领是什么？

3. 对镜练习，仔细观察和体会松懈的站立姿态与挺拔的站立姿态，在外形和自我本体感觉上有什么不同？

4. 试一试，在形体练习前，先分别做4～6节躯干各部位拉伸和下肢拉伸练习。

5. 试一试，选择不同的音乐完成同一套身体律动组合练习。

6. 在课下复习律动组合时，注意做好每个动作的结束姿势，以利于下一个动作的衔接。上一个动作的结束就是下一个动作的开始。

第三章 服务礼仪与服务体姿美感训练

服务人员在服务过程中的一举一动都非常重要。规范的服务礼仪，得体的站立、坐立、行走姿势以及各种服务手势，不仅能反映出服务人员的职业素养，还能体现出服务人员良好的精神面貌和文化修养。端庄文雅、落落大方的服务礼仪姿态是建立在对饭店服务礼仪规范的全面掌握以及对站姿、坐姿等服务体姿的专业训练基础上的。

学习目标

- ☆了解饭店服务礼仪的基本规范和要求。
- ☆掌握前厅、餐厅和客房等不同工作场景的服务姿态和操作规范，提高职业素养。
- ☆掌握体姿训练方法，培养良好的服务姿态，提高身体控制能力和表现力。

第一节　服务礼仪姿态训练

一、站姿

饭店服务人员在服务过程中的站姿标准是非常重要的。

1．基本站姿

动作做法

八字脚站立，头正直、立颈、下颌微收、面带微笑、两眼平视前方，双肩平展，收腹、立腰，上体舒展挺拔，双臂自然下垂，手指并拢，掌心向内贴近大腿，或双臂在体前交叉，右手握于左手上（见图3—1），以保持随时可以提供服务的姿势。

图3—1　基本站姿

动作要领

站立时两脚脚跟并拢，脚尖外展，腿臀夹紧，腰背立直，身体重心穿过脊柱，落在两腿之间。从侧面看，重心应落在骨盆正中。从整体看，人体形成一个舒展挺拔、大方自信、精神饱满的状态。

2．不同方式的站姿

实际服务工作过程中，常采用以下三种站姿（见图3—2）。

（1）分腿站姿

两腿开立，与肩同宽，脚尖向前，双手交叉握于腹前，也可交叉握于背后。分腿站姿适合男士。

（2）丁字步站姿

两腿并拢站立，脚尖略向外展开，一脚跟靠于另一脚内侧中部，双手交叉握于腹前。丁字步站姿适合女士。

（3）扇形（八字脚）站姿

两腿并拢站立，双脚脚跟靠拢，脚尖外展成45°～60°夹角，两臂自然下垂。女士可双手交叉握于腹前。

a）分腿站姿　　b）丁字步站姿　　c）扇形（八字脚位）站姿

图 3—2　站姿的形式

3．站姿易犯错误

（1）身躯歪斜

站立时身体出现明显的歪斜。例如，头侧倒、肩斜、身歪、腿屈等。不但看上去松懈无形，直接破坏了职业形象，而且还会令人觉得该服务人员颓废消沉、精神不振。

（2）弯腰驼背

站立时躯干松懈下沉。例如，腰部弯曲、背部弓起、颈部前伸、含胸、腹部挺出、松胯等不良体态，会使服务人员看起来缺乏锻炼、健康不佳，无精打采。

（3）趴伏依靠

在工作中，服务人员随随便便靠墙而立或伏在前台或柜台上，或将手臂撑在桌面上，或左顾右盼，这样的体态会给顾客留下随便懒散和不专注的印象。

（4）手位不当

在工作中，服务人员将手放在衣服口袋里，或双臂交叉抱于胸前（见图 3—3），或双手抱于头后，或双肘撑于某处等。在人际交往中称之为不文明的肢体语言，易给人消极或傲慢的感觉。

图 3—3　手位不当

（5）肢体乱动

在站立时，允许略做体位变动或调整姿势，但不宜频繁地变动体位，如手臂挥来挥去、身体随意扭动、抖腿等，易给人不踏实、烦躁的感觉。

4．站姿练习方法

（1）靠墙站立练习

背部靠墙，八字脚位站立。两腿并拢伸直，紧臀，收腹立腰，展胸沉肩，使头后部、肩胛、臀部、小腿及脚后跟紧贴墙壁，下额微收，双肩保持同样高度，两臂自然下垂贴近大腿两侧。目光平视，面带微笑，呼吸均匀、缓慢。控制四个八拍为一组，完成 2～3 组。

（2）顶物站立练习

在靠墙站立练习方法的基础上进行顶物练习。例如，把书本放于头顶，躯干保持平衡（见图 3—4），控制二至四个八拍放松，为一组，完成 2～3 组。顶物过程中颈部立直，下额微收，目光平视。收腹立腰，躯干保持正直，身体控制稳定，呼吸匀速缓慢。

图 3—4　顶物站立练习

练习熟练后，以身体的八个方位进行转动练习。该练习可纠正低头、仰头、歪头、晃头等不良姿态。

（3）双人比对练习

练习者面对面站立，结合靠墙站姿练习和顶物站立练习方法，一人练习，另一人帮助指出其身体姿态的问题，及时纠正错误动作。也可在对方扶持帮助的情况下，立踵或单脚站立，或结合转体等不同方式完成练习，还可独自对镜练习。

练习提示

1. 按正确要领完成练习，腿、背、颈充分伸直，上体保持直立，下额微收，面带微笑。

2. 在日常生活或工作中，注意姿势的保持，形成“站有站相，坐有坐相”的良好习惯。避免东倒西歪、耸肩、探颈驼背，精神不振等不良习惯和状态。

3. 练习时，还可结合立踵、单脚站立、下蹲至站起等多种方式，并以不同方向完成练习。可配上轻松愉快的音乐，提高练习的兴趣，减轻枯燥感和疲劳感。

4. 上述练习，在日常生活中随时随地均可进行，循序渐进并持之以恒，才能获得良好效果。

二、走姿

在服务中，要求服务人员行走稳健、轻盈、柔和，体现出人体的动态美，反映出动作的流畅性。

1. 基本走姿

动作做法

身体直立，收腹立腰，两眼平视前方，两臂前后自然摆动。迈步时，小腿前伸，脚尖微向外展或向正前方伸出，步幅和步频适中，节奏清晰地沿直线行走（见图 3—5）。

动作要领

行走时，上体保持稳定，双肩保持平稳的前后摆动，用眼睛的余光注意脚下。迈步抬腿时，大腿带动小腿，脚跟先落地过渡到前脚掌，重心随之前移，脚落地瞬间伸直膝盖。

图 3—5　基本走姿

2．不同穿着的走姿

服务人员的走姿，受服饰风格的影响，形成不同特点的行走姿态。

（1）穿西装的走姿

身体直立，端正挺拔，两腿沿直线行走。行走时步幅略大，步速稍快，有力度和节奏感。要求男士不晃肩，女士不摆胯。

（2）穿旗袍的走姿

穿旗袍讲究亭亭玉立，曲线之美。行走时身体姿态保持端庄挺拔，双脚和两臂摆动幅度稍小，两脚跟前后走在一条直线上，脚尖略微外开。

（3）穿裙装的走姿

穿长裙走路时身体保持平稳，步幅稍大，颈立直，有控制地转动头部、速度稍慢；穿着短裙行走时，步幅不宜过大，速度适中，轻盈灵巧，面带微笑，给人敏捷干练的感觉。

（4）穿平底鞋的走姿

穿着平底鞋行走显得自然随便，走路时脚后跟先着地再过渡到前脚掌，速度均匀，重心平稳，给人以轻松大方的印象。

（5）穿有跟鞋的走姿

穿着有跟鞋行走时，立腰，收腹、提臀，上体挺直、挺胸稍抬头，小腿带动脚跟先着地、落地的瞬间膝盖伸直，重心随之前移，两脚跟前后走在一条直线上，步幅稍小。

3．走姿易犯错误

（1）步态不雅

行走时脚尖外展过度，走成“八字步”或“鸭子步”；步伐拖沓无节奏，屈膝、重心前倾，脚尖先着地等步态。显得有气无力、懈怠，或给人以拖沓懒散、矫揉造作之感。

（2）发出噪声

行走时脚跟拖地或落地时过分用力以及穿带有金属鞋跟的鞋子，走动时都会发出不和谐的噪声，给人以嚣张放肆之感。

（3）速度过快、急促

行走时步幅小而速度快，这样可能会令其他人产生猜测，造成过度紧张的气氛，也可能会碰撞到他人的身体，造成失礼，给人以忙乱和缺乏稳重的印象。

4．走姿练习方法

（1）顶物行走练习

练习者将书本类物品置于头顶训练行走。行走时立颈，头部控制稳定，立腰挺胸，展肩，目光平视、面带微笑，两臂自然前后摆动，步态平稳，步伐从容（见图3—6）。可沿直线往返练习，也可沿“方形”行走练习。该练习可以纠正走路时低头看脚、摇头晃脑、东张西望、脖颈不直、弯腰弓背等不良习惯。

（2）叉腰行走练习

练习者双手叉腰，髋部控制稳定，上体正直训练行走。行走时上体保持直立，步态和节奏平稳、从容，稍抬头挺胸，目光平视、面带微笑（见图3—7）。可沿直线往返练习，也可沿“方形”行走练习。该练习可以纠正行走时摆胯、送臀和扭腰等动作。

图3—6　顶物行走练习

图3—7　叉腰行走练习

（3）原地摆臂练习

练习者两脚前后开立，原地有节奏地摆动双臂，摆幅稍小，掌心向内，手指并拢与手臂形成一舒展弧线。摆臂时，以肩带臂、臂带腕、腕带手，有节奏地前后摆动。身体舒展挺拔，目光平视、面带微笑。此法可以纠正行走时两臂横摆、两臂摆幅不均匀、手臂僵硬等不良形态。

（4）步位和步幅练习

在地上划一条直线，并根据身高，按照一定的间隔划出多条等距离的横线。练习者沿直线按照横线距离有节奏地行走，走出相应的步位与步幅。行走时用余光注视划线，收腹立腰、展胸沉肩，步态平稳，面带微笑，两臂前后自然摆动。该练习可以纠正“八字步”步态及步幅过大或过小的行走问题。

练习提示

1. 按正确的方法完成每一个练习。可先进行分解练习，熟练后再进行综合行走的练习，目的是检查动作的协调一致性。

2. 行走时注意控制节奏和步幅。迈腿时，用小腿带前脚落地瞬间膝关节自然伸直，身体保持平衡稳定，双臂摆动自然、对称，动作协调。

3. 练习时可用拍子或节拍器来控制行进的节奏和速度，同时纠正步幅过大或过小的习惯。练习结束后，可根据练习的强度，做几节小腿放松的练习。

4. 每次练习时可以配上适宜的音乐，以调整节奏，提高练习兴趣，减轻训练时的枯燥感和疲劳感。

三、坐姿

服务接待人员大方得体、端庄文雅的坐姿，不仅能够表现出人体的静态美，更重要的是能够通过这种美的姿态表现出对顾客的尊敬。

1．基本坐姿

动作做法

上体直立，端坐于椅子的1/2～2/3的位置，收腹立腰、下颌微收、双目平视、面带微笑。女士右手搭在左手上，可相交置于腹前或轻放于双腿上；男士双手掌心向下，自然放于双膝之上。女士双腿并拢，男士双腿可略为分开，但不可以超过肩宽。如图3—8所示。

动作要领

入座时轻而稳，上体舒展挺拔，收腹立腰，身体重心穿过脊柱垂直向下，两肩放松下沉，两臂自然弯曲，双手放于膝关节上，双脚脚跟踩于地面。双目平视前方，交谈时应注视交谈对象，以示对对方的重视和尊重。

a） b）

图 3—8 基本坐姿

2．不同方式坐姿

（1）垂直式坐姿

上体与大腿、大腿与小腿、小腿与脚都呈直角，小腿垂直于地面，双膝、双脚完全并拢。垂直式坐姿适合在正式场合时使用。

（2）标准式坐姿

在垂直式坐姿的基础上，女士双脚保持丁字步，男士两脚脚尖外开约 45°。标准式坐姿适合在各种场合时使用。

（3）屈直式坐姿

大腿与膝关节靠拢，一腿伸向前，另一腿屈回，双脚前脚掌着地并保持一条直线。屈直式坐姿适合于女性在一般场合（坐稍低的椅子）时使用。

（4）前伸式坐姿

两腿与双脚并在一起，向前伸出一脚左右的距离，按方向共有三种：正前伸式、左前伸式和右前伸式；按脚位的不同又分为三种：两脚完全并拢式、丁字步式和踝部交叉式，脚尖不可翘起。前伸式坐姿适合于女性在各种场合使用。

（5）后点式坐姿

双腿和膝关节并拢，小腿向后屈回，脚尖着地，按方向共有三种：正后点式、左后点式和右后点式；按脚位的不同又分为三种：双脚完全并拢式、小丁字步式和踝步交叉式，脚尖不可翘起。后点式坐姿适合于女性在各种场合使用。

（6）分膝式坐姿

两腿左右分开，但不超过肩宽，小腿与地面垂直，两脚脚尖向前，双手自然放于大腿之上。分膝式坐姿适合于男性在一般场合使用。

3．坐姿易犯错误

（1）伸腿坐姿

入座后，不宜将双腿直伸向前方，不仅可能有碍于他人，而且也有碍观瞻。

（2）跷腿分膝坐姿

将一侧小腿架在另一侧大腿上，即所谓的“二郎腿”（见图 3—9），这样显得极为不雅观。

（3）腿部抖动摇晃

入座后，手脚都应有所约束，不要抖动双腿，不仅会令他人心烦意乱，而且也会给人极不安稳的印象。更不可突然站起或坐下，给人粗鲁无礼之感。

（4）手夹在腿间

将双手夹在两腿之间或坐压在腿下，都会显得胆怯或害羞。若身前有桌子时，双手皆应置于桌上，不可单手或双手放于桌下。

图 3—9　错误坐姿

4．坐姿练习方法

（1）坐、立分解练习

一般从左侧入座，背对座椅站立，以小腿确认座椅的位置，顺势坐下。坐下时动作轻盈，坐于椅面的 2/3，背部挺直，面带微笑，目光平视前方或注视交谈对象。离座时动作要轻缓，不可用腿向后顶开座椅，弄出声响。右脚（或左脚）后收半步，然后起身，站稳直立后再离开。从入座至站稳离座为一组，完成 2～3 组。

（2）坐姿强化练习

端坐于椅子上，男士双手掌心向下放于腿上，女士双手相叠，放置于一侧腿上。如遇座椅有扶手时，男士可以将手连同小臂放在扶手上，女士则只可将其中一只手臂放在扶手上。坐姿变化时，上体保持舒展挺拔姿势。

（3）双人比对练习

结合坐、立分解练习和坐姿强化练习方法，两人互相指出对方身体姿态的错误，并结合几种不同坐姿方法交替练习，及时纠正错误动作。也可独自对照镜子进行练习。练习时保持头正、肩平，收腹立腰，不同坐姿的手、脚摆放位置符合规范和要求。

四、蹲姿

蹲姿与坐姿都是由站立姿势变化而来的相对静止的体态。下蹲是由站立的姿势转变为两腿弯曲和身体高度下降的姿势。在一般情况下，蹲姿不像站姿、走姿、坐姿那样使用频繁，是服务人员在低处取物、拾物时常用的姿态。

1．基本蹲姿

动作做法

上体直立，两脚前后站立，目视物品，直腰下蹲。下蹲时前脚全脚着地，后脚脚跟抬起，前脚掌着地，上身稍前倾，臀部向下（见图 3—10）。捡起低处或地面物品站起时，先直起腰部，使头部、上体和臀部在一条直线上。

动作要领

脊柱保持挺直，臀部向下，两腿并拢靠紧，合力支撑身体，避免弯腰翘臀的姿势出现。

a）

b）

图 3—10　基本蹲姿

2．不同方式的蹲姿

（1）高低式蹲姿

下蹲时，左脚在前，全脚着地，小腿基本垂直于地面。右脚在后，前脚掌着地，脚跟提起。右膝须低于左膝，靠于左小腿内侧，形成左膝高、右膝低的姿态。臀部向下，基本以右腿支撑身体。

（2）单膝点地式蹲姿

下蹲后，右膝点地，臀部轻坐在其脚跟之上，以其前脚掌着地。另一侧脚全脚着地，小腿垂直于地面。双膝同时向外，双腿尽力靠拢，这是一种非正式的蹲姿。

（3）交叉式蹲姿

下蹲时，左脚在前，右脚在后。左腿小腿垂直于地面，全脚掌着地，右膝从后下方伸向左前侧，脚跟提起脚掌着地。两腿前后靠近，交叉重叠，合理支撑身体。上身略向前倾，臀部朝下。在下蹲时具体哪只脚在前，哪只脚在后，可视情况而定。

3．蹲姿易犯错误

（1）弯腰撅臀

弯腰撅臀的姿势（见图3—11）对身后的人来说是一种失礼和不敬的行为。尤其女服务人员穿裙装时更不可采用此种蹲姿。

图 3—11　错误蹲姿

（2）平行下蹲

这种姿势被称为“蹲厕式”蹲姿，不仅姿势不雅观，而且也是对他人的无礼。

（3）下蹲过快

行进中，下蹲的速度过快，令人产生突兀惊讶之感；下蹲的距离过近，容易造成彼此“迎头相撞”。

（4）蹲歇

蹲在地上或椅子上休息，是要严格禁止的，也是饭店服务的大忌。

4．蹲姿练习方法

（1）蹲—起练习

上体直立，男士双脚前后开立，女士两脚交叉站立（也可与男士一样）。按照口令迅速蹲下，同时保持上体直立，坚持1 min。随后按照口令迅速起身直立，站立过程中不能用手撑膝关节。下蹲时上体保持稳定和直立，臀部向下，支撑腿用力控制身体上下移动的速度。

（2）蹲姿行走练习

两腿前后开立下蹲，沿直线向前行走。行走10～15 m为一组，练习2～3组。蹲立行走时，臀部向下，膝关节带动腿前行，上体立直并稍前倾。

练习提示

1. 女性腿部力量较差，平时可加强大腿股四头肌练习，例如，并立蹲起、前后开立蹲起、立踵蹲起、顶物提踵等练习。

2. 下蹲时应与身边的人保持一定的距离，不能突然下蹲，更忌讳背向顾客下蹲。

第二节　服务礼仪规范训练

一、前厅服务礼仪规范

1．迎宾员礼仪规范训练

（1）正立站姿（见图 3—12）

1）表情自然，面带微笑，下颌微收。

2）两肩平，稍向后展，立腰、收腹、展胸，夹臂前送，身体正直。

3）两臂自然下垂，手指并拢微屈。两膝并拢，脚跟相靠，两脚夹角为 45°～60°，身体重心在两腿之间。

（2）握指式站姿（见图 3—13）

1）在正立站姿的基础上，两臂屈肘，双手在腹前交叉相握，通常为右手握住左手手指部位，握力适当，双手交叉点在衣扣垂直线上。男士可两脚分开站立，女士可丁字步位站立。

2）握指式站姿端正中略有自由，郑重中略有放松。在站立过程中，身体重心可以在两脚间转换，以减轻疲劳，这是一种常用的接待站姿。

图 3—12　正立站姿

图 3—13　握指式站姿

（3）车门礼仪服务体姿（见图 3—14）

1）来宾乘坐的车辆抵达时，迎宾员应做到车停人到。

2）左手拉开车门至 70° 左右，右手手指并拢伸直置于车门框上沿。

3）两脚稍分开站立，立腰，上体稍向前倾，两眼余光注视车门框上沿。

4）待宾客下车后，将车门轻轻关上，向司机示意“招手礼”。

（4）自动门礼仪服务体姿

1）迎宾员站立于门外一侧，与自动门保持适当距离，以不影响开门为宜。身体与门面夹角呈 45°，保持正立姿势。

2）当宾客走近到 2～3 米处时，迎宾员由正立站姿换成握指式站姿。

3）迎宾礼体姿。右臂屈肘上抬，手与腰带位置齐平，掌心向前，右臂肘关节向前略打开。以右臂肘关节为轴，前臂水平打开，手指向自动门中下方（见图 3—15），同时身体重心稍移向右前方，头部和上体向左转并以礼貌用语“请”配合。微笑迎客，视线跟随顾客移动。

4）礼毕。待宾客进入门内，其身体越过迎宾员的指尖时，迎宾员迅速将右手收回，身体随即回转 45°，还原成正立站姿。

（5）转叶门礼仪服务体姿

在做好自动门礼仪服务动作要领的基础上，主动帮助宾客转动叶门。叶门的转动速度宜慢，以便宾客安全进入大厅。

图 3—14 车门礼仪服务体姿

图 3—15 迎宾礼体姿

2．行李员礼仪规范训练

（1）工作台站姿

与迎宾员正立站姿动作要领相同。

（2）提包（箱）行走姿态

微屈膝，在身体的正下方提包（箱）。无论使用左手还是右手，均勿塌肩、晃臂、屈肘。手臂自然下垂，稳提包（箱）（见图 3—16）。提包（箱）行走时，步伐轻松、稳健，上身挺拔、庄重，切勿摇摆包（箱）。

（3）推箱包车行走姿态

安放行李后，行李员应在车后推车。两手扶车，两臂屈肘稍内收，保持正常行走姿态推车行走（见图 3—17）。推车行走时，目视前方，余光注意车上行李，两臂在行走力量的作用下推车，注意来往行人，及时调节车向，勿在车前拉车或低头推车。

图 3—16　提包（箱）行走姿态

图 3—17　推箱包车行走姿态

3．总台服务员礼仪

总台服务员对宾客服务，也应掌握正立站姿和握指式站姿的要领。

（1）双手递接账单体姿

双手握住账单两个角递上，字迹朝向对方，两眼平视，身体稍向前倾（见图 3—18）。

（2）点头礼体姿

在正立站姿的基础之上，双手叠放于腹前，头向前倾 15° 左右（视线由对方面部落至自己的脚前 1.5 m 处）。

（3）鞠躬礼体姿

在正立站姿的基础之上，双手叠放于腹前，以腰为轴，身体前倾 30° 左右（视线由对方面部落至自己的脚前 1 m 处）（见图 3—19）。

图 3—18　双手递接账单体姿

图 3—19　鞠躬礼体姿

二、餐厅服务礼仪规范

1．引座服务礼仪规范训练

引座服务一般由站立服务、引客、入座、口布服务和告退五个服务环节所组成。

（1）站立服务

1）引座员在引座台内或餐厅大门一侧成正立站姿迎接宾客。站位和距离可参照自动门礼仪服务要求。

2）宾客走近 2～3 m 处时，引座员将由正立站姿变换成握指式站姿。可根据需要将语言和动作配合一致。

（2）引客服务

引座员做出迎宾礼的动作后，随即带领宾客走入餐厅。行走速度每分钟为 90 步，步幅为半脚距离为宜。

（3）入座、口布服务与告退

1）安排入座。先女宾后男宾，引座员需用双手扶握椅背两侧，将座椅稍提起并拉开适当距离，然后使用礼貌语“请坐”与动作配合一致，示意宾客入座。宾客就座时，迅速调整座椅位置。

2）口布服务。引座员应从宾客左侧用右手将杯中的口布取出，轻轻打开，迅速示意给宾客。

3）告退。服务完毕，引座员成握指式站立，同时配合礼貌语招呼宾客，随后，后退 2～3 步转身离开。

2．值台服务礼仪规范训练

（1）站立服务姿态

值台服务员主要掌握正立站姿、握指式站姿和调节式站立姿势。

1）标准正立站姿、握指式站姿。参见第三章第一节基本站姿。

2）调节式站姿。在体后握指式站立的基础上，左腿支撑，右膝放松前伸，右侧身体处于放松状态。单腿支撑 90 s 后交换腿支撑（见图 3—20）。动作平稳，不要有明显的交换动作。

调节式站姿是一种积极性放松站立姿势，一般在站立时间较长或感到疲劳的情况下使用。

（2）轻托

左臂向上弯曲至 90°，掌心向上，五指分开，用五指和掌根托住盘底（见图 3—21）。手掌自然形成凹形，掌心不与盘底接触。行走时，头正肩平、上身挺直、目视前方、脚步轻快、动作敏捷、精力集中、步伐稳健。

（3）重托

左手五指伸开，托住盘底并向上托起，弯曲臂肘，向左后方旋转，擎托于肩外上方，做到盘底不搁肩，盘前不靠嘴，盘后不靠发（见图 3—22）。行走时，右手自然摆动，或扶住盘的前内侧，动作、表情轻松自然。

图 3—20　调节式站立姿势

图 3—21　轻托

图 3—22　重托

（4）斟酒

服务员站于宾客右侧，稍偏右后方，保持约 30 cm 距离。两脚跟靠拢或成丁字步位站立，上体自然挺拔，立腰、收腹，托盘及左肩部尽量向外侧打开，与宾客头部保持较远的距离。然后右手持酒瓶中下部位，从靠近自己胸前经过，手臂自然前伸，稍屈肘。斟酒时，使酒瓶的标签朝向宾客，瓶口约高于杯口 1～2 cm。胸式呼吸或憋气式呼吸帮助控制手臂和瓶口的稳定性。上体稍有侧身，姿态挺拔。斟好后，将瓶口提高并内旋约 30°，将瓶收回。

三、客房服务礼仪规范训练

1．清洁卫生服务礼仪规范训练

（1）敲门

敲门动作用于进入客房之前。走到客房门口正立，右手屈肘于胸前举起（见图 3—23），用指关节有节奏地轻敲三下，然后后退半步。

（2）蹲姿

蹲姿主要用于清理杂物和地面。蹲姿方法参见第三章第一节内容。

（3）做床

1）抖单。上体前倾，站在床尾或床的一侧居中位置，抖开床单。抖单时腕关节的屈伸幅度达到最大，与抖动时的力度相结合（见图 3—24）。抖单同时看准方向和距离，底单中线左右居中，有褶皱的卷边要稍加整理。

2）抛盖。上体前倾，两手握住床单角，两肘关节内收，然后用力外展，使床单抛盖于床的正中位置。

3）包角。一手掀起床垫尾部，另一手向下抹平床单，将其包入夹缝。

2．接待服务礼仪规范训练

（1）电梯口迎宾训练

顾客步出电梯时，服务人员应做迎宾引领动作，参见第三章第二节内容。

（2）送客服务训练

通常采用“招手礼”作为送客服务礼仪。正立，右手掌心向前，屈肘于右肩上，面带笑容，手掌左右摇摆 2～3 次（见图 3—25）。

图 3—23　敲门

图 3—24　抖单

图 3—25　送客服务

第三节　服务体姿美感训练

一、站姿训练组合

练习目的

站姿组合练习通过站、走等简单的服务动作，提高身体在行进过程中的控制能力，培养行走姿态的美感，强化了礼仪动作的定型练习，达到了提高专业素养的效果。

预备姿势

正立站姿，两臂自然下垂。

动作做法

1×⑧：

[1—4] 拍：正立。

[5—8] 拍：双手叠放于腹前（见图 3—26）。

2×⑧：

[1—4] 拍：丁字步位站立（见图 3—27）。

[5—8] 拍：还原正立。

3×⑧：

[1—3] 拍：左脚开始，向前依次行走三步（见图 3—28）。

[4] 拍：还原成正立。

[5—8] 拍：行鞠躬礼（见图 3—29）。

4×⑧：

[1—3] 拍：左脚向左前方沿斜线前进，左右脚依次迈步。

[4] 拍：还原成正立。

[5—8] 拍：左手开车门动作。

5×⑧：

[1—4] 拍：右手护车门框上沿动作（见图 3—30）。

[5—8] 拍：右手做“请”的动作（见图 3—31）。

6×⑧：

[1—7] 拍：右脚向右侧前进，左右脚依次行走七步。

[8] 拍：还原成正立。

7×⑧：

[1—4] 拍：半蹲右手提行李动作（见图 3—32）。

[5—8] 拍：左脚向左侧迈一步，右脚并于左脚，同时转体 90°。

8×⑧：

[1—7] 拍：左脚开始向前依次行走七步，成提行李走姿。

[8] 拍：还原正立。

9×⑧：

[1—4] 拍：右后转身 180°。

[5—8] 拍：行点头礼。

10×⑧：

[1—4] 拍：双手递接物品动作（见图 3—33）。

[5—7] 拍：左脚向前依次行走三步。

[8] 拍：还原成正立。

11×⑧：

[1—4] 拍：行握手礼。

[5—8] 拍：右手做“请”的动作（见图 3—34）。

12×⑧：

[1—3] 拍：左脚向前依次行走三步。

[4] 拍：还原成正立。

[5—8] 拍：行招手礼结束（见图 3—35）。

图 3—26

图 3—27

图 3—28

图 3—29

图 3—30

图 3—31

图 3—32

图 3—33

图 3—34

图 3—35

练习提示

1. 根据前厅特定的环境，练习时可选择烘托企业文化的曲目的背景音乐，或旋律优美、节奏清晰的进行曲（2/4 拍）和歌曲（4/4 拍）。

2. 动作较为简单，力求动作与音乐吻合。

3. 完成动作时，表情和眼神一致。要求自信、自然、面带微笑。

二、坐姿训练组合

练习目的

坐姿组合练习针对胸、腰、背以及腿部和脚踝进行拉伸练习，缓解身体各部位肌肉紧张状态。纠正不良体姿，养成优雅的坐姿习惯。

预备姿势

身体正坐，两臂自然弯曲放在膝上（见图 3—36）。

动作做法

1× ⑧：

[1—4] 拍：两臂侧经举交叉抱肩，同时低头含胸（见图 3—37）。

[5—8] 拍：两臂经前向外波浪打开至侧举，同时抬头挺胸（见图 3—38）。

2× ⑧：同 1× ⑧动作。

3× ⑧：

[1—4] 拍：两臂经后绕环至下举，上体经抬头挺胸至低头含胸（见图 3—39 和图 3—40）。

[5—8] 拍：两臂经前至三位手，抬头挺胸（见图 3—41）。

4× ⑧：同 1× ⑧动作。

5× ⑧：

[1—4] 拍：左腿提膝，两臂自然抱于膝关节，低头含胸（见图 3—42）。

[5—8] 拍：左腿伸直前点，两臂经前向外波浪打开至侧举，同时抬头挺胸（见图 3—43）。

6× ⑧：

[1—4] 拍：左腿收回，左臂贴于体侧，右臂经侧绕至上举，上体稍向左屈（见图 3—44）。

[5—8] 拍：两臂经侧至七位手，抬头挺胸。

7× ⑧：同 5× ⑧动作，动作方向相反。

8× ⑧：

[1—4] 拍：同 6× ⑧的 [1—4] 拍动作，动作方向相反。

[5—8] 拍：还原至预备姿势。

图 3—36

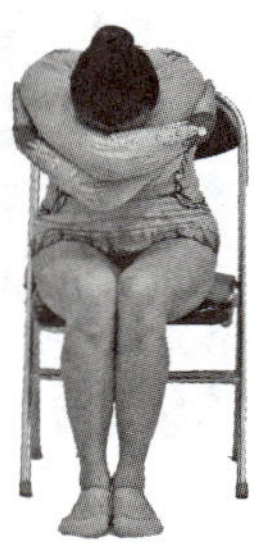

图 3—37

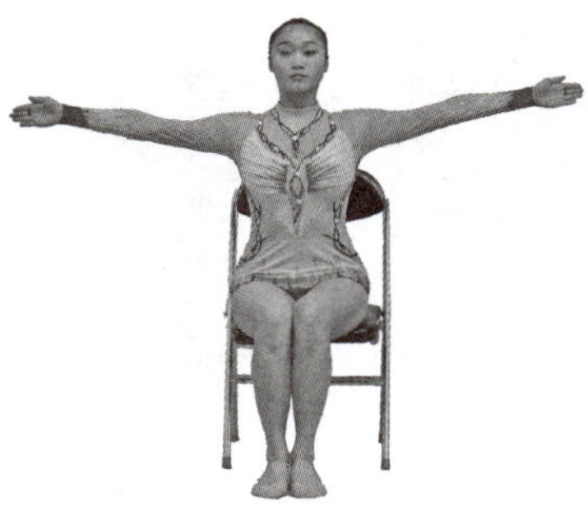

图 3—38

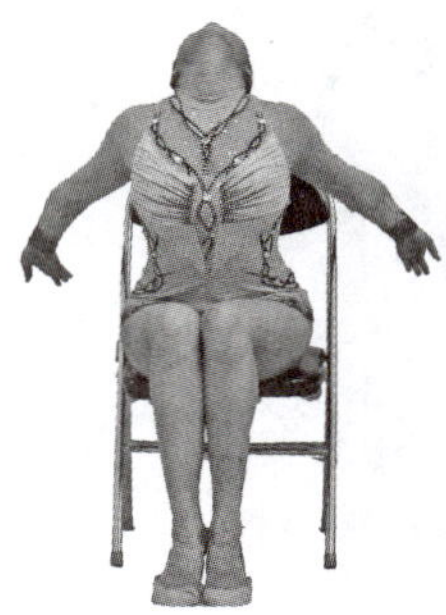

图 3—39

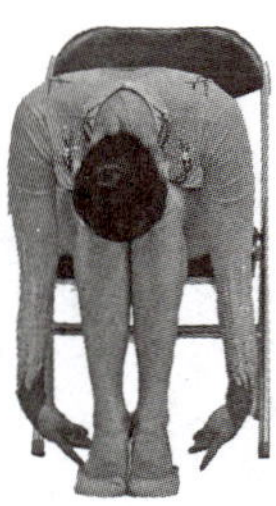

图 3—40

图 3—41

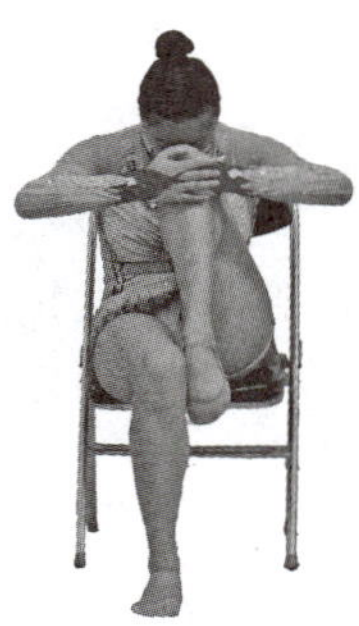

图 3—42

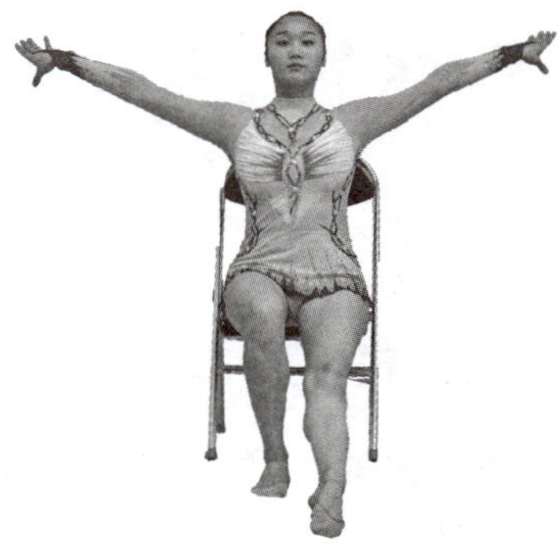

图 3—43

9× ⑧：

[1—2] 拍：双腿并拢提踵，两臂自然弯曲放在膝上（见图 3—45）。

[3—4] 拍：双腿提踵摆至左侧（见图 3—46）。

[5—6] 拍：双腿提踵还原直立。

[7—8] 拍：落脚还原。

10× ⑧：

[1—4] 拍：左腿伸直后点，右腿屈膝，同时身体向右转 45°，左臂经下做波浪至斜上举，右手扶于椅侧，头看左手（见图 3—47）。

[5—8] 拍：左腿收回并于右腿，同时身体左转 45°，两臂还原扶于膝关节。

11× ⑧：同 9× ⑧动作，动作方向相反。

12× ⑧：同 10× ⑧动作，动作方向相反。

图 3—44

图 3—45

图 3—46

图 3—47

练习提示

1. 坐在椅子的 1/2 处，注意保持挺胸、立腰、膝关节并拢。
2. 坐姿练习过程中，手臂的摆动绕环柔和舒展，两腿伸展时脚背、膝盖绷直，上下肢配合协调一致。
3. 可在抒情的乐曲或歌曲伴奏下完成练习。

三、持物训练组合

练习目的

提高对器皿的控制能力，发展身体的协调性和表现力，丰富练习内容，提高练习兴趣和服务意识。

预备姿势

基本站立姿态，左手持托盘（见图 3—48）。

动作做法

1× ⑧：

[1—4] 拍：左脚向前迈步，右脚并于左脚后，同时左臂经后、右臂经前绕至三位手（见图 3—49）。

[5—6] 拍：左脚向前迈步，重心前移至四位蹲，同时左臂经前、右臂经后绕至一位手。

[7—8] 拍：重心前移至左腿直立，右脚后点，同时左臂绕至后举、右臂绕至斜上举。

2× ⑧：

[1—4] 拍：右脚开始提踵碎步向后退，低头含胸，同时左臂还原至一位手，右臂经下向后绕环一周后还原至一位手。

[5—7] 拍：提踵屈膝碎步向右转体 360°，身体稍向右倾，双手持盘，头看右肩（见图 3—50）。

[8] 拍：落脚还原，左手持盘。

3× ⑧：

[1—2] 拍：右脚向右后跳一步，左脚并于右脚，同时左手持盘下举，右臂经侧至上举（见图 3—51）。

[3—4] 拍：左脚向左前方跳一步，右脚并于左脚，同时左臂还原屈臂持盘，右臂至侧上举（见图 3—52）。

[5—6] 拍：左脚向左前方跳一步，右脚并于左脚，同时左臂伸直将盘托起，右臂经侧至下举（见图 3—53）。

[7—8] 拍：右脚向右后跳一步，左脚并于右脚，同时左臂还原屈臂持盘，右臂还原至体侧。

4× ⑧：

[1—2] 拍：左脚向左侧迈一步，重心移至左腿，右脚点地，右臂直臂持盘至体侧，左手胸前波浪打开至斜上举（见图 3—54）。

[3—6] 拍：左脚并于右脚，同时右臂持盘由外向内做绕环至上举，左臂保持斜上举（见图 3—55）。

[7—8] 拍：左臂经后绕至预备姿态，右臂经侧还原至体侧，左手将托盘递给右手。

图 3—48

图 3—49

图 3—50

图 3—51

图 3—52

图 3—53

图 3—54

图 3—55

5× ⑧：同 1× ⑧动作，动作方向相反。

6× ⑧：同 2× ⑧动作，动作方向相反。

7× ⑧：同 3× ⑧动作，动作方向相反。

8× ⑧：

[1—6] 拍：同 4× ⑧的 [1—6] 拍动作，动作方向相反。

[7—8] 拍：右手将托盘递给左手，成预备姿势结束。

练习提示

1. 最开始可先徒手进行练习，或者选用书代替托盘练习。

2. 左右手交替，原地完成持盘动作的练习。
3. 持盘练习熟练后可选用抒情的民族音乐伴奏，进行成套动作练习。
4. 在练习过程中，保持轻松愉快的心情，注意身体动作的表现力。

思考与练习

1. 结合身体练习，简述服务礼仪站姿、坐姿、走姿的动作要领以及不同姿势的变化形式。

2. 到饭店进行实地考察，观察前厅服务人员、餐厅服务人员和客房服务人员的基本姿态和礼仪规范，进行模仿实操练习。

3. 做靠墙站立练习：在寝室或其他适当的地方，借助于墙的垂面，培养头、躯干和腿在一条垂线上的良好姿势和习惯。逐渐增加站立的时间和次数。

4. 下晚自习在回宿舍的路上，听着音乐、踏着节奏，和同学们一起完成足尖步或一字步行走练习。

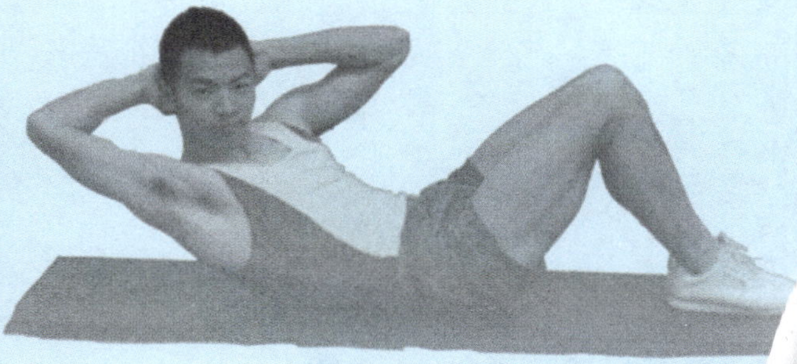

第四章 形体素质训练

柔韧、力量和灵敏素质是饭店服务专业学生身体素质发展的基本要求，也是形体训练的重要内容之一。通过扶把拉伸、双人拉伸等不同形式的柔韧练习，手持轻器械和固定器械上的力量练习以及基本步伐组合练习，能够发展人体各部位的柔韧性、肌肉力量和协调性，达到健美体型、增强体质、提高专业素养的目的。

学习目标

☆ 掌握发展柔韧素质的练习方法，增强身体柔韧性和动作的舒展性。

☆ 掌握弹力带、哑铃和沙袋等轻器械的科学健身方法，有效发展身体的力量素质，健美体型。

☆ 学会应用健身健美操的组合练习，发展身体的协调性、灵敏性和有氧耐力。

第一节　柔韧素质训练

柔韧素质主要是指人体各个关节活动的幅度以及肌肉和韧带的伸展能力。柔韧素质的好坏除了与遗传有关，更具有明显的可塑性，具有年龄变化的规律和特点。柔韧素质一般随着年龄的增长，在缺乏锻炼的情况下逐渐减弱，但在坚持训练的情况下，则较容易得到保持或增强。在形体训练中，柔韧素质是保持身体舒展、动作协调而有韵味的基础。

发展柔韧素质的方法一般较简单，最基本的方法是拉伸法。拉伸法可分为动力拉伸法和静力拉伸法两种。动力拉伸法是指有节奏地对身体某部位反复做伸展性或牵拉性动作练习，使肌肉、韧带等软组织逐渐地被拉长。静力拉伸法是指当身体某部位的肌肉、韧带被拉长到一定程度的时候，保持静止不动，使被拉伸部位的肌肉、韧带等软组织得到持续被拉长的刺激，从而有效发展身体的柔韧性。在形体训练中，一般动力拉伸法与静力拉伸法交替进行。

在形体训练中，柔韧素质练习形式多样，可分为扶把练习、双人配合的拉伸练习及扶把和原地完成踢腿练习等。

一、扶把拉伸训练

1．下肢拉伸练习

（1）压腿

1）前压腿

预备姿势

右肩侧对把杆，左腿伸直放在把杆上，右手扶把，左臂上举（见图 4—1）。

动作做法

1×⑧：

[1—2] 拍：上体前屈以腹、胸、下颌依次贴近左腿，左臂伸向脚尖前方（见图 4—2）。

[3—4] 拍：上体还原直立。

[5—8] 拍：同 [1—4] 拍动作。

2× ⑧：同 1× ⑧动作。

3× ⑧：同 1× ⑧动作。

4× ⑧：

[1—6] 拍：保持上体前屈的动作。

[7—8] 拍：上体还原直立。

然后，换右腿完成上述前压腿练习。

图 4—1

图 4—2

2）侧压腿

预备姿势

身体左肩侧斜对把杆，左腿伸直外旋放在把杆上，左手扶把，右臂上举（见图 4—3）。

动作做法

1× ⑧：

[1—2] 拍：上体向左侧屈，左肩后部贴左腿（见图 4—4）。

[3—4] 拍：上体还原直立。

[5—8] 拍：同 [1—4] 拍动作。

2× ⑧：同 1× ⑧动作。

3× ⑧：同 1× ⑧动作。

4× ⑧：

[1—6] 拍：保持上体向左侧屈的动作。

[7—8] 拍：上体还原直立。

然后，换右腿完成上述侧压腿练习。

图 4—3

图 4—4

3）后压腿

预备姿势

右肩侧对把杆，左腿放在把杆上（脚面向外）。右手扶把，左臂上举或叉腰（见图 4—5）。

动作做法

1× ⑧：

[1—2] 拍：右腿屈膝下蹲，身体立直（见图 4—6）。

[3—4] 拍：膝关节伸直还原。

[5—8] 拍：同 [1—4] 拍动作。

2× ⑧：同 1× ⑧动作。

3× ⑧：同 1× ⑧动作。

4× ⑧：

[1—6] 拍：保持屈膝的动作。

[7—8] 拍：上体还原直立。

然后，换右腿完成上述后压腿动作。

图 4—5

图 4—6

练习提示

1. 单（双）手轻扶把杆，重心保持在支撑腿上。有规律地先压左腿，再压右腿，两腿交替练习。

2. 压腿时，脚尖充分伸直，头、手牵引躯干向远伸展并匀速缓慢地下压用力拉伸腿部韧带和肌肉。侧压腿时充分开胯，脚背、膝盖向上。

3. 压腿时保持良好的身体姿态，在节奏缓慢、旋律优美的音乐伴奏下完成练习。

（2）踢腿

1）前踢腿

预备姿势

右手扶把，右腿支撑站立，左脚后点地，左手成七位手（见图 4—7）。

动作做法

1×⑧：

[1—4] 拍：左腿向前踢起至 90° 以上位置（见图 4—8），接着左腿回摆至后点地。

[5—8] 拍：同 [1—4] 拍动作。

2×⑧：同 1×⑧动作。

3×⑧：同 1×⑧动作。

4×⑧：同 1×⑧动作。

然后，换右腿完成上述前踢腿练习。

图 4—7

图 4—8

2）侧踢腿

预备姿势

右手扶把，右腿支撑站立，左脚侧点地（见图 4—9）。

动作做法

1× ⑧：

[1—4] 拍：左腿向侧踢至 90° 以上肩后位置（见图 4—10），接着左腿回摆至后点地。

[5—8] 拍：同 [1—4] 拍动作。

2× ⑧：同 1× ⑧动作。

3× ⑧：同 1× ⑧动作。

4× ⑧：同 1× ⑧动作。

然后，换右腿完成上述侧踢腿练习。

也可双手扶把完成侧踢腿练习（见图 4—11）。

图 4—9

图 4—10

图 4—11

3）后踢腿

预备姿势

双手扶把，右腿支撑站立，左腿前点地（见图 4—12）。

动作做法

1× ⑧：

[1—4] 拍：左腿向后踢起至 90° 以上位置，同时上体稍下压（见图 4—13），接着左腿回摆至前点地。

[5—8] 拍：同 [1—4] 拍动作。

2× ⑧：同 1× ⑧动作。

3× ⑧：同 1× ⑧动作。

4× ⑧：同 1× ⑧动作。

然后，换右腿完成上述后踢腿练习。

图 4—12

图 4—13

练习提示

1. 踢腿时，大腿发力，脚背绷起并带动腿快速上踢，同时收腹拔腰，腿有控制地回落。

2. 动作腿始终绷直并稍向外展，两臂和躯干保持舒展和稳定的姿态。

3. 在节奏清晰、有力的音乐伴奏下完成踢腿练习。

2. 躯干拉伸练习

（1）肩胸拉伸练习

预备姿势

面对把杆，双手扶把，上体前屈 90°，两腿开立。

动作做法

1× ⑧：

[1—8] 拍：一拍一动向下振肩，动力性拉伸肩部的肌肉韧带（见图 4—14）。

2× ⑧：同 1× ⑧动作。

3× ⑧：

[1—4] 拍：抬头，肩胸向下持续用力，静力性拉伸肩胸部位的肌肉韧带（见图 4—15）。

[5—8] 拍：上体还原直立。

4× ⑧：同 3× ⑧动作。

图 4—14

图 4—15

（2）躯干侧屈

预备姿势

两腿开立，右手扶把，左臂上举。

动作做法

1× ⑧：

[1—4] 拍：躯干向右侧屈至最大幅度（见图 4—16）。

[5—8] 拍：身体直立。

2× ⑧：同 1× ⑧动作。

3× ⑧：

[1—8] 拍：躯干向右侧屈至最大幅度，静力性拉伸躯干左侧的肌肉韧带。

4× ⑧：同 3× ⑧动作。

5× ⑧—8× ⑧：同 1× ⑧—4× ⑧动作，动作方向相反。

图 4—16

（3）躯干后屈

预备姿势

两腿开立，双手扶把。

动作做法

1× ⑧：

[1—4] 拍：躯干后屈至最大幅度（见图 4—17）。

[5—8] 拍：身体直立。

2× ⑧：同 1× ⑧动作。

3× ⑧：同 1× ⑧动作。

4× ⑧：

[1—7] 拍：保持躯干后屈至最大幅度。

[8] 拍：身体直立后结束。

也可单手扶把完成练习（见图 4—18）。

图 4—17

图 4—18

(4) 身体波浪

预备姿势

右手扶把，两腿提踵并立（见图 4—19）。

动作做法

1× ⑧：

[1—4] 拍：屈膝半蹲，上体稍前屈并含胸低头，两臂前举（见图 4—20）。

[5—8] 拍：踝、膝、髋、腰、胸、颈、头各部位依次而连贯地向前上方用力伸展，成直立姿势。波峰在体前出现，同时左臂向后经体侧摆至上举（见图 4—21 至图 4—23）。

2× ⑧：同 1× ⑧动作。

3× ⑧：同 1× ⑧动作。

4× ⑧：同 1× ⑧动作。

也可以左手扶把练习，多次重复。

图 4—19

图 4—20

图 4—21

图 4—22

图 4—23

练习提示

1. 拉伸时力点在被拉伸部位，逐渐加大拉伸力度，直至被拉伸部位出现明显的酸胀感。

2. 拉伸时，五指均握住把杆，同时手臂伸直，重心保持在两腿之间。

3. 身体波浪练习需提踵，由踝、膝开始发力，髋领先向前上方顶出，带动腰、胸、颈各部位由屈至伸，身体重心仍控制在垂直位。动作部位放松而连贯地将动力由起动部位依次传递到动作末端是波浪动作的技术关键。

4. 身体波浪动作相对较难掌握，练习时，帮助者可一手扶住练习者的肩部，一手扶住其臀部，帮助练习者的髋部向前用力，使髋部及时而充分地顶出。练习前先进行躯干的拉伸，效果更好。

二、双人配合拉伸训练

1. 双人配合肩胸拉伸

（1）肩部拉伸

预备姿势

练习者面对面站立，双手扶在对方肩上，两脚自然开立（见图 4—24）。

动作做法

1× ⑧：

[1—8] 拍：两人上体前屈，手掌同时用力下压对方肩部，拉伸并振动肩（见图 4—25），两拍一动。

2× ⑧：同 1× ⑧动作。

3× ⑧：同 1× ⑧动作。

4× ⑧：

[1—8] 拍：两人上体前屈，手掌同时用力下压对方肩部，静力性拉伸一个八拍。

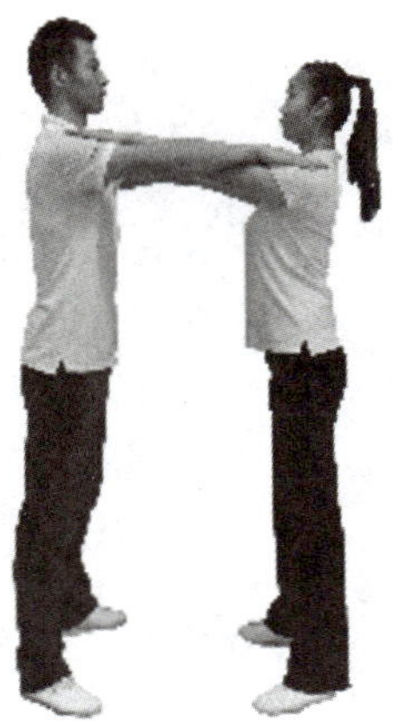
图 4—24

图 4—25

（2）肩胸拉伸

预备姿势

被拉伸者左脚在前弓步站立，两臂上举，手掌并握；帮助者左脚弓步站立在被拉伸者的左后侧，左手扶住被拉伸者的大臂，右手抵住被拉伸者的肩背处

（见图 4—26）。

动作做法

1× ⑧：

[1—8] 拍：两拍一动向后振压肩胸两次。

2× ⑧：同 1× ⑧动作。

3× ⑧：同 1× ⑧动作。

4× ⑧：持续用力，静力性拉伸肩胸韧带。然后，两人交换位置，完成拉伸练习。

图 4—26

练习提示

1. 体前屈拉伸肩胸练习，两腿左右开立，稍宽于肩，分掌扶住对方肩背，两人同时手掌用力下压，顺势展胸塌腰，完成肩胸拉伸练习。

2. 弓步肩胸拉伸练习，帮助者与被拉伸者同侧弓步站立，一手扶住练习者大臂，另一手顶住其肩背部，两手相对用力，有节奏地帮助对方完成拉伸练习。

3. 被拉伸者主动配合帮助者的用力，顺力完成拉伸练习，避免抵抗用力。

2. 双人配合躯干拉伸

（1）背人拉伸

预备姿势

被拉伸者两脚自然并拢，两臂上举，手掌并握；帮助者背对被拉伸者，两脚开立、半蹲，两手握住被拉伸者的上臂（见图 4—27），用臀部顶住对方的大腿上部。帮助者含胸弓背，使被拉伸者脚尖抬起离地（见图 4—28）。被拉伸者抬头挺胸放松。

动作做法

1× ⑧：

[1—8] 拍：帮助者臀部和背部用力，上体前屈同时弓背含胸，顺势背起被拉伸者，被拉伸者抬头挺胸，躯干充分伸展、放松。

2× ⑧：

[1—8] 拍：帮助者两拍一动利用膝关节的弹动和两手用力，对被拉伸者的肩背和躯干进行拉伸。

然后，两人交换位置，完成拉伸练习。

图 4—27

图 4—28

（2）体侧屈拉伸

预备姿势

练习者并排站立，两脚比肩稍宽开立，内侧脚互相抵住，内侧手于体侧相握（见图 4—29），外侧手头上相握。

动作做法

1× ⑧：

[1—8] 拍：向外侧弓步，四拍一动，用力拉伸腰侧和肩侧部位的肌肉韧带（见图 4—30）。

2× ⑧：同 1× ⑧动作。

3× ⑧：向外侧弓步，逐渐用力持续拉伸体侧部位肌肉韧带。

4× ⑧：同 3× ⑧动作。

然后，两人交换位置或转体 180°，完成体侧拉伸练习。

图 4—29

图 4—30

（3）弓背拉伸

预备姿势

练习者面对面站立，双手握住对方手掌（见图 4—31）。

动作做法

1× ⑧：

[1—8] 拍：练习者下蹲成马步姿势，然后弓背含胸，髋关节前送，上体成抱球状。两人同时向后相对用力，缓慢拉伸肩带及背部的韧带和肌群（见图 4—32）。

2× ⑧：同 1× ⑧动作。

图 4—31

图 4—32

（4）下桥拉伸

预备姿势

练习者面对面站立，双脚开立，帮助者扶住被拉伸者腰部，被拉伸者直立，两臂上举（见图 4—33）。

动作做法

1× ⑧：

[1—8] 拍：被拉伸者上体后屈至，两拍一动，有节奏地拉伸腰部（见图 4—34）。

2× ⑧：同 1× ⑧动作。

3× ⑧：被拉伸者上体后屈至 90° 以下，静力性拉伸腰部。

4× ⑧：同 3× ⑧动作。

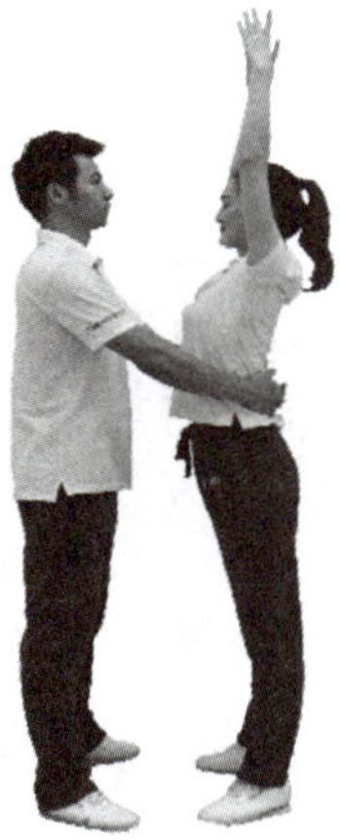

图 4—33

图 4—34

(5) 体后屈翻转拉伸

预备姿势

练习者面对面站立，两脚自然开立，两人体前双手互握（见图 4—35）。

动作做法

1× ⑧：

[1—4] 拍：两人同时外侧脚向后迈步，上体后屈抬头挺胸，两臂上举（见图 4—36）。

[5—8] 拍：两人上体经后屈翻转 360° 至预备姿势。

2× ⑧：同 1× ⑧动作。

3× ⑧：同 1× ⑧动作，动作方向相反。

4× ⑧：同 1× ⑧动作，动作方向相反。

图 4—35

图 4—36

练习提示

1. 双人配合拉伸练习，重点在帮助者应掌握正确的站位、重心和用力方法，按正确要领帮助被拉伸者完成拉伸练习。如背人拉伸练习，帮助者手扶被拉伸者的上臂，双脚开立稍宽于肩，屈膝降低重心，依臂、背和手顺序发力，含胸弓背顶起被拉伸者，被拉伸者顺势抬头展体，放松身体。

2. 体侧屈拉伸练习，身体保持在同一平面。弓背拉伸，注意含胸弓背送髋，身体成抱球状，同时两人向外相对用力。

3. 双人配合下桥拉伸，帮助者两脚开立稍宽于肩，双手扶在被拉伸者的腰部，帮助被拉伸者保持平衡。向下振动时要循序渐进，逐渐加大幅度。

4. 双人拉伸练习，重要一方为帮助者，双方应默契配合，协调用力。

3．双人配合下肢拉伸

（1）压腿

1）前压腿

预备姿势

练习者面对面、脚对脚坐立，双手互握。如柔韧相对较差的被拉伸者，帮助者（男）可屈腿坐立（见图 4—37）。

动作做法

1×⑧：

[1—8] 拍：帮助者向后用力拉住对方的双手，被拉伸者上体前屈，在同伴助力帮助下完成前压腿练习（见图 4—38）。

2×⑧：同 1×⑧动作。

3×⑧：同 1×⑧动作。

4×⑧：同 1×⑧动作。

然后，两人交换位置，完成前腿拉伸练习。

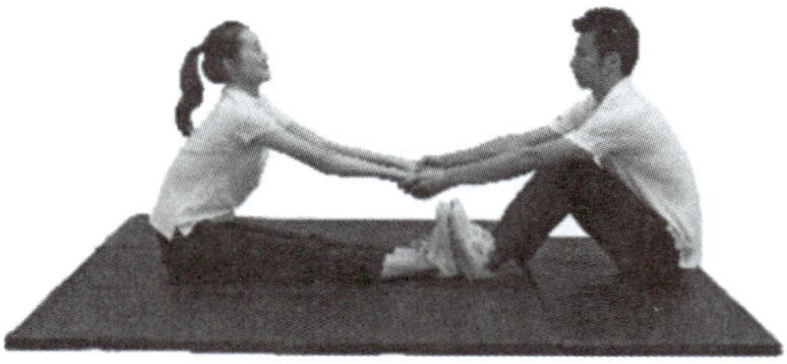

图 4—37

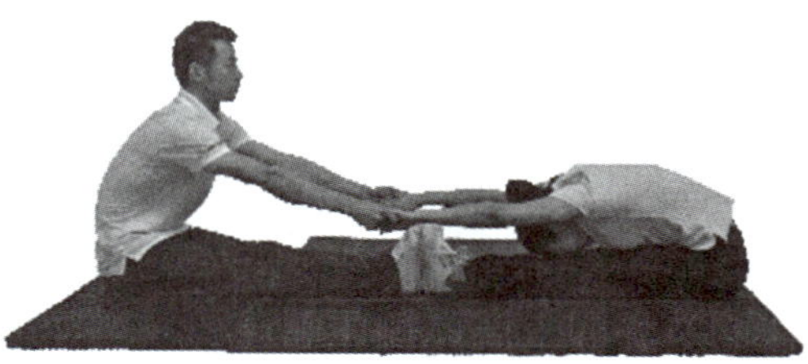

图 4—38

2）侧压腿

预备姿势

练习者，两腿分开面对面、脚对脚坐立，双手互握。如柔韧相对较差的被拉伸者，帮助者（男）可屈腿坐立（见图 4—39 和图 4—40）。

动作做法

1× ⑧：

[1—8] 拍：帮助者向后用力拉住被拉伸者双手，被拉伸者上体前屈，在同伴助力帮助下完成侧压腿练习（见图 4—41）。

2× ⑧：同 1× ⑧动作。

3× ⑧：同 1× ⑧动作。

4× ⑧：同 1× ⑧动作。

然后，两人交换位置，完成侧腿拉伸练习。

图 4—39

图 4—40

图 4—41

3）后压腿

预备姿势

被拉伸者左腿单膝跪撑，右腿伸直后举；帮助者右腿单膝跪地，将被拉伸者大腿扛于肩上，双手扶于腿后部（见图 4—42）。

动作做法

1× ⑧：

[1—8] 拍：帮助者肩部向上用力，同时双手向下压，将被拉伸者的腿部向上抬起，完成后压腿练习。

2× ⑧：同 1× ⑧动作。

3× ⑧：同 1× ⑧动作。

4× ⑧：同 1× ⑧动作。

然后，两人交换位置，完成后腿拉伸练习。

图 4—42

练习提示

1. 压腿时，帮助者根据被拉伸者的柔韧基础，逐渐用力拉伸被拉伸者下肢肌群的韧带。

2. 被拉伸者随着帮助者的用力程度，顺力屈体送肩，默契配合完成拉伸练习，避免与帮助者产生对抗力。

3. 拉伸练习可随节拍或音乐节奏练习，动力性与静力性交替练习。

（2）踢腿

1）前踢腿

预备姿势

直立。

动作做法

1× ⑧：

[1] 拍：左脚向前一步，同时两臂侧举（见图 4—43）。

[2] 拍：向前踢右腿，同时两手于腿下击掌（见图 4—44）。

[3] 拍：右脚后撤一步，同时两臂侧举。

[4] 拍：左脚与右脚并拢，还原成直立。

[5—8] 拍：换右脚完成 [1—4] 拍动作。

连续完成四个八拍的前踢腿动作。

2）后踢腿

预备姿势

屈膝，两臂伸直于体前交叉（见图 4—45）。

动作做法

[1—2] 拍：左腿后摆，右腿伸直，同时身体后展，两臂经侧后摆（见图 4—46）。

[3—4] 拍：还原至预备姿势。

[5—8] 拍：换右脚完成 [1—4] 拍动作。

连续完成四个八拍的后踢腿动作。

图 4—43

图 4—44

图 4—45

图 4—46

练习提示

1. 踢腿时，脚背、膝盖绷直，脚背带动腿向上加速摆起，同时收腹拔腰，支撑腿顶直，腿有控制地下落。

2. 后踢腿时，大腿用力向后上方摆动，腿伸直，同时立腰展体，身体保持平衡。

第二节　力量素质训练

力量是形体训练中重要的身体素质之一，是保持体型匀称、健美的基础和条件。力量素质练习对于增强锻炼者的肌肉力量、降低脂肪含量和健美体型具有重要的作用和意义。

力量素质是指身体或身体某部位肌肉工作时克服阻力的能力。在形体训练中，增强肌肉力量、健美体型的主要方法为阻抗练习。阻抗练习主要分为两大类：一类是克服自身体重（或某部位身体重量）的练习，如俯卧撑、支撑类等练习；另一类是克服外部器械阻力的练习，如哑铃、弹力带、沙袋等练习。每一种练习的次数、组数、节拍或支撑控制的时间代表了练习的负荷量与强度。

以下介绍的发展力量的阻抗练习，是针对在校学生的体质特征、年龄特点以及校园特殊的生活环境和条件而设计的，包括发展身体各主要部位肌肉群的练习。各种练习应用科学的方法，通过增强肌肉力量并发达肌肉形态来改变身体的外观及内质。本教材选择了适宜在校园中健身的轻器械，如弹力带、哑铃、沙袋等。

一、轻器械阻抗训练

1．弹力带阻抗练习

弹力带是一种带状的新兴健身器材，由橡胶构成，又称为阻力带。弹力带具有高弹性，且弹力持久、重量轻可折叠、阻力来源非地球引力等特性。因此，弹力带训练方式更为灵活，运动肌群更细微。根据弹力带的厚度分为不同负荷等级强度，弹力带越厚代表负荷强度越大。因此，不同性别及不同运动基础的练习者，可选择不同厚度的弹力带进行锻炼。随着练习程度、力量、协调性以及运动能力的提高，可通过更换较高一级负荷的弹力带来增强训练强度，提高锻炼效果。

弹力带健身操作为一种新兴锻炼方式，是一种在有氧状态下，手持弹力带进行的健身操阻抗练习。该练习以其新颖独特的方式，实现了“有氧、阻抗、协调”的兼容性，对练习者的肌肉力量、有氧耐力以及关节活动幅度、灵活性和身体平衡能力等具有良好的锻炼效果。

（1）握带方法

1）五指握带两端

动作要领

五指用力握住弹力带两端，四指并拢，拇指压住四指中段关节（见图 4—47）。

2）四指由内握带

动作要领

四指并拢用力向内握带，拇指压住四指中段关节（见图 4—48）。

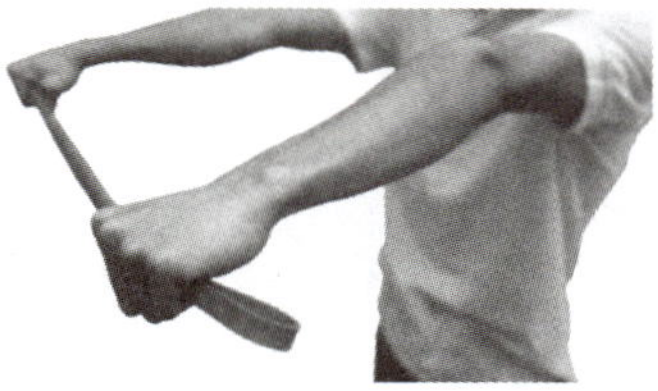

图 4—47

图 4—48

3）三指由内、食指和拇指由外并掌夹带

动作要领

中指、无名指和小拇指伸直与食指夹带，食指与拇指在带的外侧，五指并拢伸直成掌（见图 4—49）。

4）三指由内、食指和拇指由外握带

动作要领

中指、无名指和小拇指并拢由内侧用力握带，食指和拇指在带的外侧用力握带，拇指压住四指中段关节（见图 4—50）。

5）拇指在内，四指由外向内绕环一周后握带

动作要领

拇指伸直勾带，五指并拢，双手以腕关节为轴向外侧绕环一周握带，拇指压住四指中段关节（见图 4—51）。

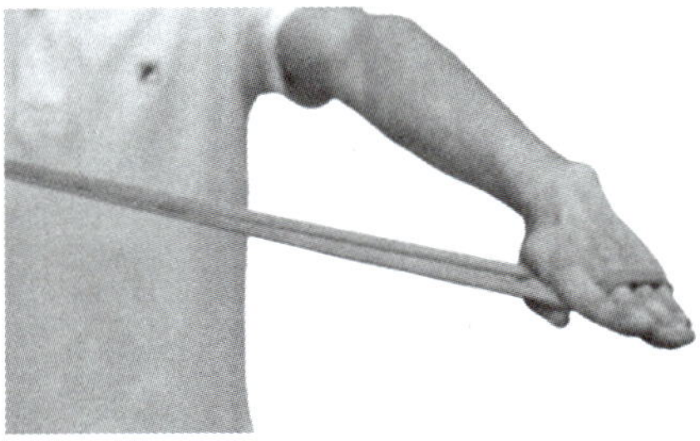

图 4—49

图 4—50

图 4—51

练习提示

1. 学习弹力带动作，从掌握正确的握带方法开始，建立正确的握带意识。
2. 注意握带的位置和带长的控制。应根据身高或能力水平握在带的适当位置。

（2）弹力带健身组合

1）伸展动作组合

练习目的

舒展身体，拉伸并锻炼肩胸部位肌群，增强肩关节及韧带力量，防止损伤。

预备姿势

直立，手掌向内缠绕带一周握带，两臂体前下举（见图 4—52）。

动作做法

1× ⑧：

[1—2] 拍：左脚向左前方迈步支撑站立，两臂摆至上举，展体，掌心向外，带拉直（见图 4—53）。

[3—8] 拍：向后展体振肩 3 次。

2× ⑧：

[1—4] 拍：两臂经前绕肩至后下举，抬头挺胸，掌心向下，带拉直（见图 4—54）。

[5—8] 拍：两臂从后绕肩至前下举（见图 4—55）。

图 4—52

图 4—53

图 4—54

图 4—55

3× ⑧：

[1—2] 拍：左脚向左前方迈步支撑站立，两臂摆至上举，展体，掌心向外，带拉直（见图 4—56）。

[3—4] 拍：左腿支撑站立，右腿提膝至 90°，两臂摆至下举（见图 4—57）。

[5—6] 拍：右脚后伸点地，同时两臂摆至上举，展体（见图 4—58）。

[7—8] 拍：同 [3—4] 拍动作。

4× ⑧：

[1—2] 拍：左腿支撑站立，右腿提膝至 90°，两臂摆至下举。

[3—4] 拍：右脚后伸点地，同时两臂摆至上举，展体。

[5—6] 拍：同 [1—2] 拍动作。

[7—8] 拍：左脚并于右脚成直立，两臂下举。

5× ⑧：同 1× ⑧动作，动作方向相反。

6× ⑧：同 2× ⑧动作，动作方向相反。

7× ⑧：同 3× ⑧动作，动作方向相反。

8× ⑧：同 4× ⑧动作，动作方向相反。

图 4—56

图 4—57

图 4—58

练习提示

1. 向后展体时要充分将带拉直，肩胸用力。可换反方向练习动作，多次重复，充分发展肩部力量。

2. 单腿站立时，注意收腹、拔腰，重心保持稳定，并均衡发展平衡能力。

2）胸背阻抗动作组合

练习目的

锻炼背阔肌和肩带肌，增强肩背部位的肌肉力量，发展上肢协调性。

预备姿势

直立，手掌向内缠绕带一周后握带，两臂体前下举。

动作做法

1× ⑧：

[1—2] 拍：两腿屈膝，两臂拉带至侧举（见图 4—59）。

[3—4] 拍：两腿伸直，同时两臂还原至前举，拳心向下（见图 4—60）。

[5—8] 拍：同 [1—4] 拍动作。

图 4—59

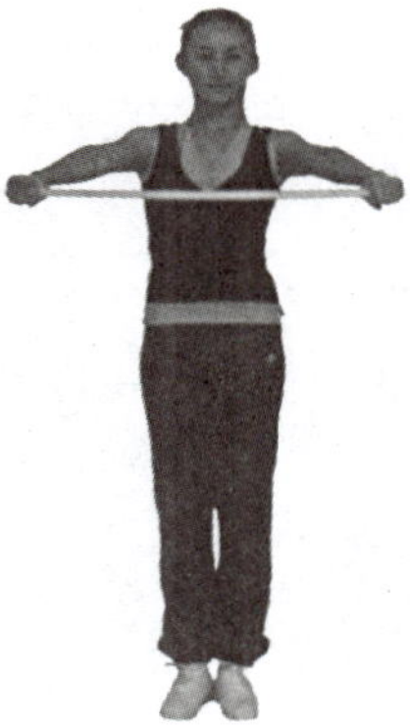

图 4—60

2× ⑧：

[1—2] 拍：左脚向侧迈成左弓步，两臂拉带至左臂胸前平屈、右臂侧举，拳心向下，目视右手（见图 4—61）。

[3—4] 拍：收左腿还原，同时两臂还原至前举，拳心相对。

[5—8] 拍：同 [1—4] 动作，动作方向相反。

3× ⑧：同 1× ⑧动作。

4× ⑧：同 2× ⑧动作，[5—8] 拍两手由外向内绕出带同时给上绕至背部，两臂侧举（见图 4—62）。

图 4—61

a）

b）

图 4—62

5× ⑧：

[1—2] 拍：两腿屈膝，同时两臂拉带至前举，拳心相对（见图 4—63）。

[3—4] 拍：两腿还原，同时两臂打开至侧举。

[5—8] 拍：同 [1—4] 拍动作，两腿伸直并拢。

6× ⑧：

[1—2] 拍：左脚向前方迈步成半蹲，同时两臂拉带至前举，拳心相对（见图 4—64）。

[3—4] 拍：还原。

[5—8] 拍：同 [1—4] 拍动作，换右脚向前成半蹲。

图 4—63

a）　　b）

图 4—64

7× ⑧：

[1—2] 拍：左脚向左迈一步，两臂拉带至侧举。

[3—4] 拍：身体左转 90°，同时两臂拉带至前举，两腿成前后开立（见图 4—65）。

[5—6] 拍：左腿屈膝成左弓步，同时两臂打开至侧举（见图 4—66）。

[7—8] 拍：身体右转 90°，同时收左脚还原，两臂自然下垂。

8× ⑧：同 7× ⑧动作，动作方向相反。

图 4—65

图 4—66

练习提示

1. 1× ⑧至 4× ⑧手掌缠绕带动作清晰、正确，两臂拉带时肩背发力，沿水平移动，并有控制地还原。

2. 5× ⑧至 8× ⑧以胸部带动发力，双臂伸直、扩展，用力均匀缓慢，并有控制地还原。迈步半蹲时，重心前移至两腿之间。

3）上肢阻抗动作组合

练习目的

锻炼臂部和肩带肌，增强上肢力量，发展协调性、灵活性。

预备姿势

两手将带一端分开，成“垂直倒三角”（见图 4—67），左右脚依次由带内踩带成开立，左手“四指由内握带”于体前侧下举，拳心向上，右手叉腰（见图 4—68）。

图 4—67

图 4—68

动作做法

1× ⑧：

[1—2] 拍：左腿屈膝成左弓步，同时左臂屈肘至 90°，目视左手（见图 4—69）。

[3—4] 拍：还原。

[5—8] 拍：同 [1—4] 拍动作。

2× ⑧：

[1—4] 拍：同 1× ⑧的 [1—4] 拍。

[5—8] 拍：右脚出带向后迈一步，左腿屈膝，同时两臂至侧下举，两手由内向外握带（见图 4—70）。

图 4—69

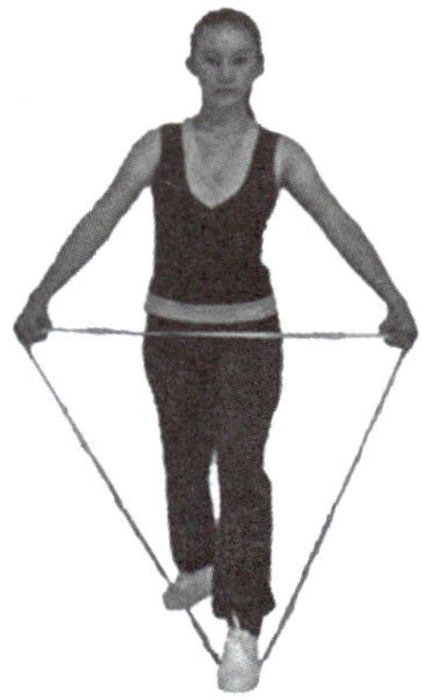

图 4—70

3× ⑧：

[1—2] 拍：两大臂上提至体侧屈臂，上臂抬平，前臂与地面垂直（见图 4—71）。

[3—4] 拍：还原。

[5—8] 拍：同 [1—4] 拍动作。

4× ⑧：

[1—4] 拍：同 3× ⑧的 [1—4] 拍。

[5—8] 拍：右脚向前迈一步踩带，同时右手“四指由内握带”于体前侧下举，拳心向上，左手叉腰（见图 4—72）。

5× ⑧：同 1× ⑧动作，动作方向相反。

6× ⑧：同 2× ⑧动作，动作方向相反。

7× ⑧：同 3× ⑧动作，动作方向相反。

8× ⑧：同 4× ⑧动作，动作方向相反。

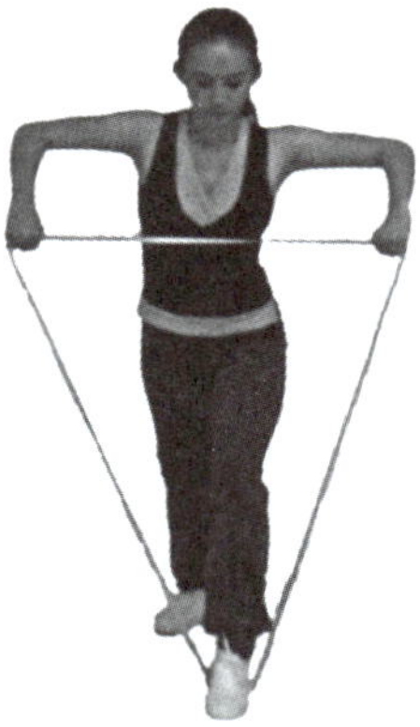

图 4—71

图 4—72

练习提示

1. 向上屈臂时，上臂保持不动，肱二头肌发力，控制节奏，匀速发力。

2. 上提带时，上臂肱三头肌向上发力，身体稍向前倾，但控制躯干，保持平衡，还原时手臂用力控制带。

3. 可多次重复，加强弱势上肢练习。控制次数，分组进行练习。

4. 练习结束后注意对上肢进行放松与拉伸。

4）腰腹阻抗动作组合

练习目的

锻炼腰腹肌群，增强肌力，紧实腰肌，提高腰部灵活性，预防并缓解腰酸背痛，健美体型。

预备姿势

两腿开立，右脚踩带，右手握带，两臂在体侧自然下垂（见图 4—73）。

动作做法

1×⑧：

[1] 拍：两腿屈膝，两臂胸前立屈，双手握拳，同时上体向左转 45°（见图 4—74）。

[2] 拍：两腿屈膝，两臂胸前立屈，双手握拳，同时上体向右转 90°。

[3—4] 拍：同 [1—2] 拍动作。

[5—6] 拍：两腿屈膝，两臂胸前立屈，双手握拳，同时上体慢速向左转 45°。

[7—8] 拍：还原成预备姿势。

图 4—73

图 4—74

2× ⑧：同 1× ⑧动作。

3× ⑧：

[1—4] 拍：两手至右侧握带（见图 4—75），身体向左转 180° 成左弓步，同时两臂向左侧拉带至前侧举、慢速转体（见图 4—76）。

图 4—75

图 4—76

[5—6] 拍：身体继续向左振转一次。

[7—8] 拍：还原。

4× ⑧：同 3× ⑧动作。

5× ⑧：

[1—2] 拍：两腿开立，同时右臂屈肘至体侧立屈，拳心向内，左手叉腰（见图 4—77）。

[3—4] 拍：右臂伸直上举，贴于耳侧（见图 4—78）。

[5—6] 拍：上体向左侧屈，右臂控制不动（见图 4—79）。

[7—8] 拍：还原。

图 4—77

图 4—78

图 4—79

6× ⑧：

[1—4] 拍：同 5× ⑧的 [5—8] 拍动作。

[5—8] 拍：身体向左转 90°，两腿开立，两手握带上举，拳心向前（见图 4—80）。

7× ⑧：

[1—4] 拍：左腿屈膝成左弓步，同时上体前屈接近水平位置，两臂控制不动（见图 4—81）。

[5—8] 拍：还原。

8× ⑧：

[1—4] 拍：左腿屈膝成左弓步，同时上体前屈接近水平位置，两臂控制不动。

[5—8] 拍：上体直立，同时重心前移至左腿支撑站立，右脚脚尖点地，两臂上举（见图 4—82）。

图 4—80

图 4—81

图 4—82

9× ⑧：

[1—2] 拍：左腿支撑站立，右腿后举、勾脚尖，腿稍向外展（见图 4—83）。

[3—4] 拍：右腿下压带至前脚掌点地。

[5—8] 拍：同 [1—4] 拍动作。

10× ⑧：

[1—2] 拍：左腿支撑站立，右腿后举、勾脚尖，腿稍向外展。

[3—4] 拍：右腿下压带，前脚掌点地。

[5—8] 拍：两臂屈臂将带经左肩压至胸前（见图 4—84）。

11×⑧：

[1—2] 拍：左腿支撑站立，右腿前举、勾脚尖，腿稍向外展，同时上体向右转 45°，两臂胸前平屈（见图 4—85）。

[3—4] 拍：右腿下压带至后侧，前脚掌后点地，同时上体向左转 45° 还原。

[5—8] 拍：同 [1—4] 拍动作。

图 4—83

图 4—84

图 4—85

12×⑧：

[1—2] 拍：左腿支撑站立，右腿前举、勾脚尖，腿稍向外展，同时上体向右转 45°，两臂胸前平屈。

[3—4] 拍：右腿下压带至前脚掌后点地，同时上体向左转 45° 还原。

[5—8] 拍：右转 90°，同时右脚出带，两腿开立，成左脚踩带，左手握带，两臂在体侧自然下垂。

13×⑧至 24×⑧：同 1×⑧至 12×⑧动作，动作方向相反。

练习提示

1. 转体时腰部发力，速度控制均匀，还原时手臂用力控制带，两脚踩稳带，防止脚后跟离地。

2. 体侧屈时腰部发力，手臂上举时伸直、贴于耳侧控制不动，重心在两腿之间。

3. 上体前屈速度均匀、腹背发力，手臂控制带不动。单脚支撑时重心保持平稳。

4. 腿匀速上抬和下压，臀肌夹紧，身体保持舒展和平稳姿势。可做反方向练习。

5）下肢阻抗动作组合

练习目的

发展下肢肌力和弹跳力，提高身体协调性和平衡能力。

预备姿势

两脚开立，踩于带上，两手将带转成“8”字形，双手由外向内握带，两臂自然下垂至体侧（见图 4—86）。

动作做法

1× ⑧：

[1—2] 拍：左脚向侧一步，同时两臂提至胸前平屈、拳心向下（见图 4—87）。

[3—4] 拍：右脚并于左脚，同时两臂下压至下举，拳心向下（见图 4—88）。

[5—8] 拍：同 [1—4] 拍动作，动作方向相反。

图 4—86

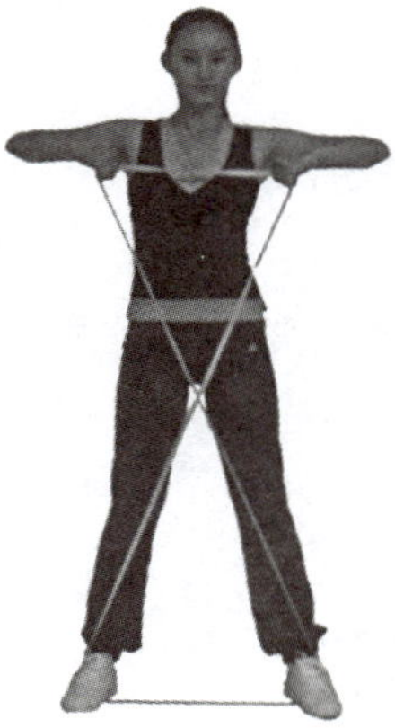

图 4—87

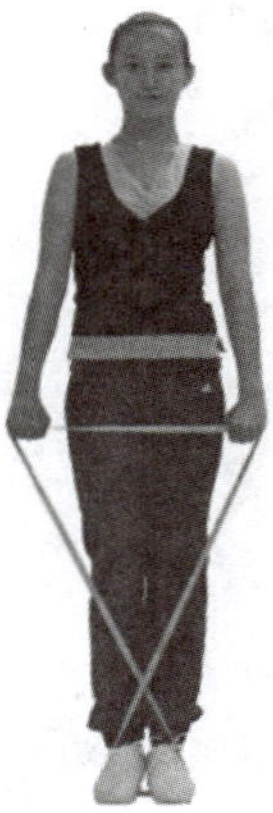

图 4—88

2× ⑧：同 1× ⑧动作。

3× ⑧：

[1—2] 拍：左腿提膝至 90°，两臂同时将带拉直下压至侧下举（见图 4—89）。

[3—4] 拍：左腿还原，两臂抬至前举（见图 4—90）。

[5—8] 拍：同 [1—4] 拍动作。

4× ⑧：同 3× ⑧动作，动作方向相反。

5× ⑧至 8× ⑧：同 1× ⑧至 4× ⑧动作，动作方向相反。

图 4—89

图 4—90

9× ⑧：

[1—2] 拍：从预备姿势开始，并腿跳起、分腿落，同时两臂抬至胸前平屈（见图 4—91）。

[3—4] 拍：还原。

[5—8] 拍：同 [1—4] 拍动作。

10× ⑧：

[1—4] 拍：原地并腿蹦跳 4 次，同时向左转体 360°，两臂胸前平屈（见图 4—92）。

图 4—91

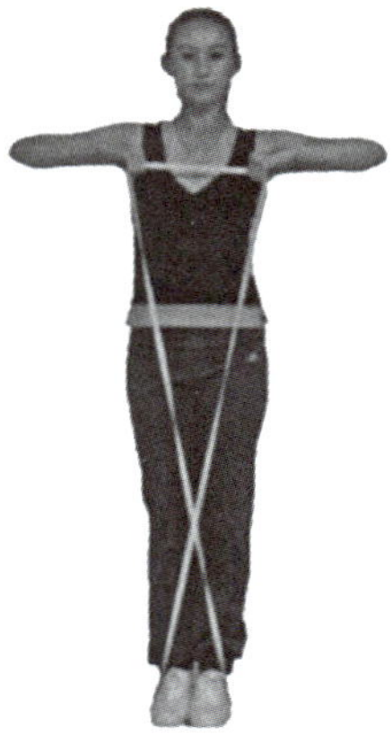

图 4—92

[5—6] 拍：并腿跳起，分腿落地，同时两臂抬至胸前平屈。

[7—8] 拍：并腿还原。

11× ⑧：同 9× ⑧动作。

12× ⑧：同 10× ⑧动作，动作方向相反。

练习提示

1. 带呈“8”字形侧向移动时膝关节伸直，大腿外侧肌肉发力向侧移动。
2. 提膝手臂下压动作时，脚面绷直，大腿与小腿约成90°。
3. 跳起落地时，前脚掌先落地再过渡到全脚，膝关节自然屈膝缓冲。

2. 哑铃阻抗练习

哑铃是一种最为简便和普及的健身健美练习器材，其体积较小，随时随地都可以进行练习。在日常生活中，每个人都可以根据自己的需要，选用不同重量的哑铃进行锻炼，以增强上肢及腰腹部位的力量，健美体型。一般情况下，男性宜选择2～2.5 kg的哑铃，女性宜选择1～1.5 kg的哑铃进行练习。

（1）弯举

练习目的

发展肱二头肌及肩部肌群。

预备姿势

站姿或坐姿，双手持哑铃，掌心向上，上臂贴紧上体（见图4—93）。

练习方法

上臂不动，前臂向上抬起，屈肘将哑铃举至胸前（见图4—94），再放下回原位。两臂同时或交替练习。男性连续完成20～25次为1组，完成2～3组；女性连续完成10～15次为1组，完成2～3组。

动作要领

匀速完成屈、伸动作，有控制地放下。上体保持正直，不要随动作前后摆动。

图4—93

图4—94

（2）直臂扩胸

练习目的

发展胸大肌、背阔肌及肩部肌群。

预备姿势

站姿或坐姿，双手持哑铃成直臂前平举，掌心相对。仰卧者可直臂上举。

练习方法

双手同时向两侧水平扩展，保证双臂在身体所在平面内，成扩胸姿势（见图 4—95），然后回收至前平举。可改变动作速度练习：快速连续扩展回收，慢速连续扩展回收，连续快展慢收，连续慢展快收。男性连续完成 15～20 次为 1 组，完成 3～4 组；女性连续完成 10～15 次为 1 组，完成 2～3 组。

动作要领

上体正直，两臂均衡发力，有控制地扩展、回收，保持手臂的水平高度。

（3）屈臂提拉

练习目的

发展肩胛提肌、肘肌及肩背肌群。

预备姿势

自然站立，两脚比肩稍宽，双手持哑铃自然下垂，掌心向内。

练习方法

两臂用力向上屈肘提拉，上臂接近肩部高度（见图 4—96），然后回到初始位置。可以站立或俯身姿势，两臂同时或交替练习。可改变动作速度练习：快速连续上提放下，慢速连续上提放下，连续快提慢放，连续慢提快放。男性连续完成 20～25 次为 1 组，完成 2～3 组；女性连续完成 10～15 次为 1 组，完成 2～3 组。

图 4—95

图 4—96

动作要领

上体正直，肩及上臂用力，沿体侧有控制地完成练习，避免上体随屈伸动作节奏做出挺身或侧屈的附加助力动作。

（4）俯身扩胸

练习目的

发展背阔肌及肩背肌群。

预备姿势

俯身站立，双手持哑铃自然下垂，掌心相对。

练习方法

两臂伸直向两侧扩展至水平（见图 4—97），然后还原。可匀速练习，也可改变动作速度完成练习，快速连续扩展放下，慢速连续扩展放下，连续快展慢放，连续慢展快放。男性连续完成 10～15 次为 1 组，完成 3～4 组；女性连续完成 10～15 次为 1 组，完成 2～3 组。

动作要领

身体及腿的姿势固定不动，两臂有控制地扩展至水平位置，并有控制地还原至下举。

图 4—97

（5）俯身划船

练习目的

发展三角肌及背阔肌。

预备姿势

俯身站立，双手自然下垂持哑铃，掌心向内。

练习方法

两臂同时用力，左臂向前、右臂向后摆动至水平位置制动（见图 4—98），然后两臂回落至下举，接着右臂向前，左臂向后摆动至水平位置制动。两臂匀速摆动练习，也可改变动作速度完成练习：快速连续摆动，慢速连续摆动。男性连续完成 20～25 次为 1 组，完成 2～3 组；女性连续完成 10～15 次为 1 组，完成 2～3 组。

动作要领

身体及腿保持固定姿势不动，两臂伸直用力，有控制地沿直线匀速或变速摆动。

图 4—98

(6) 臂屈伸上举

练习目的

发展臂力及肩部肌力。

预备姿势

站姿或坐姿，双手屈臂持哑铃于肩部，掌心向内。

练习方法

两臂同时或依次向上推举至手臂伸直上举（见图 4—99），然后还原。男性连续完成 15～20 次为 1 组，完成 2～3 组；女性连续完成 10～15 次为 1 组，完成 2～3 组。

动作要领

身体正直，匀速而有控制地完成两臂屈伸推举动作。

图 4—99

(7) 颈后臂屈伸

练习目的

发展肘肌和臂部肌力。

预备姿势

站姿或坐姿，双手握哑铃直臂上举（见图 4—100）。

练习方法

上臂保持不动，两前臂向后向下屈肘（见图 4—101），然后用力上举还原。可两臂同时或交替练习。男性连续完成 15～20 次为 1 组，完成 2～3 组；女性连续完成 10～15 次为 1 组，完成 2～3 组。

动作要领

上体正直，控制不动，屈肘时，固定住上臂，匀速而有控制地屈伸前臂，稍低头。

(8) 体侧屈臂屈伸

练习目的

发展腰肌、臂力及腹背部肌群。

预备姿势

两脚比肩稍宽自然站立，双手持哑铃垂于体侧，掌心向内。

练习方法

身体向右侧屈，同时右臂向下伸展，左手向上屈肘提拉（见图 4—102），然后还原，接着反方向做此动作。两臂依次完成练习。男性连续完成 15～20 次为 1 组，完成 2～3 组；女性连续完成 10～15 次为 1 组，完成 2～3 组。

动作要领

身体侧屈和屈肘动作保持在同一平面上，幅度尽量大，防止上体前倾。有控制地完成躯干和两臂屈伸的动作。

图 4—100

图 4—101

图 4—102

（9）平推

练习目的

发展臂力和肩部肌群。

预备姿势

两脚比肩稍宽自然站立，双手持哑铃，屈肘控制于胸侧部位，掌心相对（见图 4—103）。

练习方法

一手沿直线推出，手臂伸直至前举（见图 4—104），然后还原，换另一臂完成练习。两臂交替完成平推练习。男性连续完成 15～20 次为 1 组，完成 2～3 组；女性连续完成 10～15 次为 1 组，完成 2～3 组。

图 4—103

图 4—104

动作要领

上体正直，两臂匀速屈伸用力，沿水平线有控制地屈伸。平推时身体可稍微转动，并掌握好动作节奏。

（10）直臂抓举

练习目的

发展背肌力和臂力。

预备姿势

两脚比肩稍宽自然站立，上体前屈，两臂手持哑铃向下伸直（见图 4—105）。

练习方法

两臂伸直，随身体的抬起向前、向上举起哑铃，至最高点停住，同时身体展直（见图 4—106），然后还原。男性连续完成 10～15 次为 1 组，完成 2～3 组。

动作要领

手臂始终伸直，腰部开始用力带动手臂，完成展体、抬臂上举动作，躯干和两臂有控制地匀速上下运动，身体充分展开。

图 4—105

图 4—106

（11）抬腿提铃

练习目的

发展髂腰肌、大腿肌群。

预备姿势

两脚与肩同宽自然站立，双手持哑铃放置于大腿中部，掌心向下。

练习方法

左腿屈膝抬至水平，左手将哑铃放置腿上，使大腿承受哑铃的重力（见图4—107），然后还原。两腿交替，匀速完成练习。也可改变动作速度练习：快速连续抬起放下，慢速连续抬起放下。还可改变动作幅度练习：小幅度抬腿提铃，大幅度抬腿提铃。男性连续完成15～20次为1组，完成2～3组；女性连续完成10～15次为1组，完成2～3组。

动作要领

上体正直，收腹立腰，重心控制稳定，腹肌和大腿用力抬起哑铃，手臂只起扶握作用。

（12）提铃纵跳

练习目的

发展腿部力量。

预备姿势

两脚与肩同宽自然站立，双手在体侧持哑铃。

练习方法

稍屈腿下蹲，然后蹬地向上跳起（见图4—108），落地稍屈膝缓冲，反复练习。男性连续完成20～30次为1组，完成2～3组；女性连续完成10～15次为1组，完成2～3组。

动作要领

两手握紧哑铃，身体立直并控制稳定，两腿蹬伸充分，有节奏地跳起和下落。

图 4—107

图 4—108

练习提示

1. 锻炼目的明确。练习者应明确每一个练习发展哪个部位的肌肉，并按照正确要领完成哑铃阻抗练习。男性练习重点为上肢肌和胸背肌，女性为腰腹肌。

2. 做好准备活动与放松拉伸。为避免肌肉拉伤或扭伤，练习前应做热身性的慢跑、肢体拉伸等练习。

3. 哑铃练习应循序渐进，随着力量的增强，逐渐增加哑铃重量或增加动作重复次数，延长练习时间。负重练习后肌肉疲劳、僵硬，可做一些小跑跳、拉伸、抖动动作来缓解肌紧张，消除疲劳。

4. 哑铃属于硬器械运动，练习时应注意安全。首先，练习前检查器械，练习时注意力集中，按正确的方法、动作要领和要求完成练习，防止器械滑落。此外，练习时还应顾及周边环境，以免碰伤他人或损坏物体。

5. 每项练习中提供的练习次数和组数，仅作为参考。具体的运动量与强度，需要根据个人的身体条件、运动基础和练习时间等客观情况做相应的调整。

3. 沙袋练习

一般情况下，男性宜选择 2～3 kg 的沙袋，女性宜选择 1～2 kg 的沙袋进行练习。

（1）登山步

练习目的

增强大腿股四头肌及臀部肌肉力量。

预备姿势

左腿在前，弓步站立，上体稍前倾，左臂屈肘后摆，右臂屈肘前摆（见图 4—109）。

练习方法

左腿屈膝支撑站立，右腿后蹬地并向前提膝抬起至平行位置，同时左、右臂屈肘前后摆动（见图 4—110），右腿还原。可四拍一动，连续慢速完成八个八拍动作；也可两拍一动，连续完成四个八拍动作；还可一拍一动，连续快速完成一至两个八拍。两腿交替练习。

动作要领

膝关节带动腿前摆，向上充分吸腿，支撑腿膝关节伸直，逐渐加大动作幅度。

图 4—109

图 4—110

(2) 负重踢腿

练习目的

前踢腿：发展髂腰肌、腹肌、股四头肌力量。

侧踢腿：发展髂腰肌、腰肌、大腿内侧肌肉力量。

后踢腿：发展背肌、臀大肌、大腿后群肌肉力量。

预备姿势

将沙袋固定于脚踝，两腿并拢站立。

练习方法

向前（侧）踢腿：右腿向前迈步支撑站立，两臂侧平举，左腿快速向前（侧）踢起，至水平位或以上高度（见图 4—111 和图 4—112），然后左腿下落退一步，右脚与左脚并拢至预备姿势。两腿交替练习。

向后踢腿：两腿并立半蹲，两臂于体前交叉前下举（见图 4—113），左腿向后上方摆起，两腿伸直，同时向后展体，两臂顺势向侧后方摆动（见图 4—114），然后还原至预备姿势，两腿交替练习。

负重踢腿练习不仅可原地或迈步向前、向侧或向后练习，还可行进间或结合小跳完成练习。也可通过改变动作速度练习：有节奏地连续踢腿练习，慢节奏结合控腿完成练习。男性按节奏完成 16～24 次为 1 组，完成 2～3 组；女性连续完成 8～12 次为 1 组，完成 2～3 组。

动作要领

上体保持正直，大腿发力，脚带动腿摆起，腿伸直并有控制地回落。腿向侧摆起时，脚背、膝盖向上。注意加强左腿练习。

图 4—111

图 4—112

图 4—113

图 4—114

（3）仰卧举腿

练习目的

发展腹肌、髂腰肌和大腿肌力。

预备姿势

将沙袋固定于脚踝，直体仰卧。

练习方法

两腿膝关节伸直，向上收腹抬腿至垂直位置（见图 4—115），然后缓慢放下还原反复练习。可仰卧举单腿，也可仰卧举双腿。还可变化动作速度练习：有节奏地匀速举腿放下，连续快举慢放，连续慢举慢放（单腿交替完成或双腿完成）。男性连续完成 15～20 次为 1 组，完成 2～3 组；女性连续完成 10～15 次为 1 组，完成 2～3 组。

动作要领

腿抬起或落下时膝关节伸直，腰腹肌用力，腿有控制地下落。

(4) 负重仰卧起坐

练习目的

发展腹部肌群力量。

预备姿势

将沙袋固定于手腕，仰卧，双手平展或抱头。

练习方法

收腹，上体抬起至 45° 控制不动（见图 4—116），然后仰卧还原，反复练习。仰卧抬上体时可直膝或屈膝，也可结合转体完成。男性连续完成 30～40 次为 1 组，完成 2～3 组；女性连续完成 20～30 次为 1 组，完成 2～3 组。

动作要领

双手扶头后部，腹部用力，上体有控制地抬起和下落。

图 4—115

图 4—116

(5) 负重两头起

练习目的

发展腹肌及髂腰肌群。

预备姿势

将沙袋固定于脚踝，仰卧，两臂上举。

练习方法

收腹向上举腿，同时抬上体，双手触脚（见图 4—117），然后放松还原，反复练习。可仰卧坐起举双腿练习，也可交替举单腿完成练习，可大幅度完成练习（手触脚背），也可小幅度完成练习（手触膝关节）。男性连续完成 30～40 次为 1 组，完成 2～3 组；女性连续完成 15～20 次为 1 组，完成 2～3 组。

动作要领

腹肌用力，上体和两腿伸直并协调用力抬起，并有控制地还原，控制好身体平衡。

图 4—117

(6) 负重跳跃

练习目的

发展腿部肌力。

预备姿势

将沙袋固定于脚踝，双脚与肩同宽站立。

练习方法

屈膝半蹲同时向后引臂，接着蹬地跳起并向上摆臂，然后落地，反复练习。可以不同的形式完成跳跃练习，如可单脚跳、双脚跳（并腿跳、分腿跳），深蹲跳、浅蹲跳，向前跳或跳台阶等。男性连续完成 30～35 次为 1 组，完成 2～3 组；女性连续完成 20～25 次为 1 组，完成 2～3 组。

动作要领

蹬伸充分，落地稍屈膝缓冲，手臂协调配合用力摆动。

(7) 后踢小腿跑

练习目的

发展小腿肌群和大腿后群肌力。

预备姿势

将沙袋固定于脚踝，自然站立。

动作做法

以跑步姿势，两腿交替蹬地跳起，小腿向后折叠踢小腿，然后还原，反复练习。该练习还可以俯卧姿势，完成向后折叠踢小腿练习。男性连续完成 30～40 次为 1 组，完成 2～3 组；女性连续完成 20～30 次为 1 组，完成 2～3 组。

动作要领

小腿后踢动作保持一定的节奏，尽可能后踢并触及臀部。

（8）负重提踵

练习目的

发展小腿肌力及踝关节肌群。

预备姿势

将沙袋固定于脚踝，自然站立。

练习方法

两腿并拢伸直，上体保持不动，踝关节用力，脚跟提起至最高点，控制不动，然后还原，反复练习。该练习还可以单足立踵练习、立踵行走练习、半蹲立踵行走练习。原地双足立踵练习，男性连续完成30～40次为1组，完成2～3组；女性连续完成20～30次为1组，完成2～3组。

动作要领

立踵时，踝关节发力，收腹立腰，身体控制稳定。提踵练习后，及时做小腿肌群的拉伸和放松练习。

练习提示

1. 根据自身体能状况，选择适宜的器械重量。如随着力量的增强，逐渐增加沙袋重量或增加动作重复次数，延长练习时间。

2. 注重弱势侧如左臂、左腿的练习，并注意按正确要领完成每一项练习。

3. 可在音乐配合下，有节奏地完成沙袋阻抗练习，以增加练习的兴趣和效果。

4. 每项练习中提供的练习次数和组数，仅作为参考。具体的运动量与强度，需要根据个人的身体条件、运动基础和练习时间等客观情况做相应的调整。

二、徒手力量练习

1. 上肢力量练习

（1）平板支撑

练习目的

增强腹背部核心力量，提高身体控制和平衡能力。

预备姿势

屈臂，肘关节成90°俯撑，一腿伸直支撑，另一腿屈膝跪地准备。

练习方法

屈臂俯撑，两腿并拢伸直，身体夹紧，使身体保持在一个平面，脊柱拉长，保持静止姿态（见图 4—118）。男性静控 30 s 至 1 min 为一组，完成 3～4 组；女性静控 20 s 至 30 s 为一组，完成 2～3 组。可逐渐延长时间。

动作要领

保持身体水平，收腹顶腰，防止出现塌腰屈膝动作。

图 4—118

（2）侧平板支撑

练习目的

增强腹内斜肌、侧腰肌和大腿外侧肌力量，减少侧腰、大腿外侧多余脂肪，提高身体控制能力。

预备姿势

侧卧于垫上，屈臂，肘关节成 90° 成侧撑，双手自然贴于体侧，两腿伸直并拢，与臀部、上体、头部保持在同一平面内（见图 4—119）。

练习方法

臂肘用力将身体撑起，身体成一条直线，保持静止状态（见图 4—120）。男性静控 30 s 至 1 min 为一组，完成 3～4 组；女性静控 20 s 至 30 s 为一组，完成 2～3 组。可逐渐延长时间。

图 4—119

图 4—120

动作要领

撑起时，支撑侧肩膀应在手肘的正上方，收紧腹部、臀部，身体保持一条直线。

(3) 俯撑控制

练习目的

增强上肢及腹背部核心力量，减少腹部多余脂肪，提高身体控制和平衡能力。

预备姿势

直臂俯撑，一腿支撑，另一腿膝关节跪地准备。

练习方法

1) 俯卧支撑，使身体保持在一个平面，控制四个八拍（见图 4—121）。

2) 左臂支撑，右臂侧平举（见图 4—122），控制两个八拍，两臂交替支撑。

3) 两臂支撑，抬起右脚至水平（见图 4—123），控制两个八拍，两腿交替支撑。

4) 身体向右翻转 90°，成左侧卧支撑姿势（见图 4—124），控制两个八拍，然后身体继续向右翻转 90°，成仰卧支撑姿势（见图 4—125），控制两个八拍，身体继续向右翻转 90°，成右侧卧支撑姿势（见图 4—126），控制两个八拍。最后回到俯卧支撑姿势结束。可逐渐延长身体控制的时间。

图 4—121

图 4—122

图 4—123

图 4—124

图 4—125

图 4—126

动作要领

不管四肢或面向的变化，都要保持身体水平，收腹，控制身体平衡。腰部紧张用力，躯干控制成水平姿势，防止塌腰或摆动腰等错误动作。

（4）俯撑行走

练习目的

发展上肢、腰腹力量以及身体控制能力和协调性。

预备姿势

练习者成俯卧支撑姿势，帮助者站在练习者两腿之间，握住其小腿中后部。

练习方法

帮助者握住练习者小腿中后部，并将其双腿抬起，练习者两手支撑向前行走（见图 4—127）。行走 15 m 至 20 m 为 1 组，两人交换练习，各练习 2～3 组。

图 4—127

动作要领

练习者俯撑时收腹控腰，身体保持在一个平面。俯撑行走时，躯干控制稳定，避免塌腰、提臀或摆动腰部的错误动作。帮助者应随练习者前进时的用力和速度自然前行，避免出现主动前推或向后拉拽动作。

（5）俯卧撑

练习目的

发展上臂和肩带肌群，增强上臂和肩背部肌肉力量。

预备姿势

女生跪卧撑：双手和膝关节支撑，成俯卧跪撑姿势，两脚交叉搭在一起。

男生俯卧撑：双手和双脚支撑，成俯撑支撑姿势，身体成一条直线。

练习方法

跪卧撑：以跪卧支撑姿势，两臂匀速屈肘至成 90° 位置（见图 4—128），然后推撑伸直手臂，完成一次跪卧撑动作。10～15 个为 1 组，完成 2～3 组。

俯卧撑：以俯卧支撑姿势，两臂匀速屈肘至成 90° 位置（见图 4—129），然后推撑伸直手臂，完成一次俯卧撑动作。20～30 个为 1 组，完成 3～4 组。

动作要领

匀速屈臂和伸臂，收腹紧腰，身体保持在一条直线上。避免翘臀、塌腰等动作出现。

图 4—128

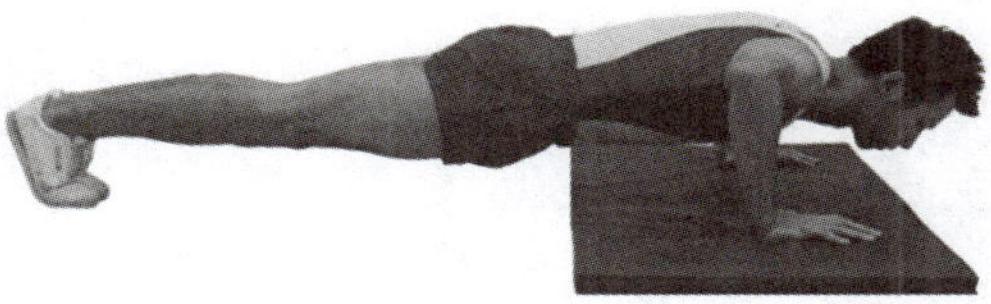

图 4—129

2．躯干力量练习

（1）仰卧起坐

练习目的

发展腹部肌群，增强腹肌力量，减少腹部脂肪。

预备姿势

仰卧，两腿屈膝，两手放于耳侧或头后部。

练习方法

腹肌用力抬起上体至 45° 位置制动（见图 4—130）或身体依次向左、向右转体（见图 4—131），然后还原至预备姿势。男性连续完成 30～40 次为 1 组，完成 2～3 组；女性连续完成 20～30 次为 1 组，完成 2～3 组。

动作要领

身体抬起或回落躺下时，腹肌发力，使身体有控制地完成仰卧起坐练习。避免手臂过度用力。

图 4—130

图 4—131

（2）仰卧两头起

练习目的

发展腹部肌群，增强腹肌力量，减少腹部脂肪。

预备姿势

仰卧，两腿伸直，两臂上举。

练习方法

腹肌发力，上身和腿同时向上举起至手指碰到脚背小腿（见图 4—132），然后还原至预备姿势。男性连续完成 20～30 次为 1 组，完成 2～3 组；女性连续完成 15～20 次为 1 组，完成 2～3 组。

动作要领

身体抬起或回落躺下时，腹肌和上下肢协调用力，使身体有控制地完成仰卧两头起练习。

图 4—132

（3）仰卧交叉腿和蹬伸腿

练习目的

发展腹部肌群，增强腹肌力量，提高身体控制能力。

预备姿势

仰卧，两手和臀部支撑，上体和下肢抬起至 45° 位置。

练习方法

两腿绷直，同时向左、向右小幅度摆动，完成上下交叉腿练习（见图 4—133）。男性连续完成 25～35 次为 1 组，完成 2～3 组；女性连续完成 20～25 次为 1 组，完成 2～3 组。

右腿屈膝开始，两腿依次做屈伸蹬腿练习（勾脚尖）（见图 4—134）。

男性连续完成 30～40 次为 1 组，完成 2～3 组；女性连续完成 20～30 次为 1 组，完成 2～3 组。

动作要领

上体和两腿姿势控制稳定，有控制地按节奏完成练习。仰卧交叉腿练习过程中保持膝关节伸直。

图 4—133

图 4—134

（4）俯卧两头起

练习目的

发展腰背部肌群，增强腰肌力量，提高身体控制能力。

预备姿势

俯卧在垫子上，双臂向前伸直趴地，双腿自然分开。

练习方法

背肌用力，两腿和上体向上抬起（见图 4—135），然后还原。男性连续完成 30～40 次为 1 组，完成 2～3 组。女性连续完成 20～30 次为 1 组，完成 2～3 组。该练习也可同时抬起左（右）臂和右（左）腿，完成单侧背肌练习。

动作要领

背肌动作幅度与躯干柔韧性有密切关系，练习前做几节躯干拉伸练习；两腿上举时并腿或自然分腿，上下肢和躯干协调用力。

（5）侧卧后摆腿

练习目的

发展臀部和大腿肌群，增强大腿外侧及臀部肌肉力量。

预备姿势

侧卧在垫子上，身体向后充分伸展。左臂屈肘支撑，另一臂放于胸前。

练习方法

右腿向后上方摆至 45° 位置，同时右臂向前下方伸直（见图 4—136），然后有控制地还原至预备姿势。两腿交替练习。连续完成 20～30 次为 1 组，完成 2～3 组。

动作要领

上体保持不动，膝盖伸直，用脚后跟带动腿向后、向上用力摆动，尽量使动作做到最大幅度。

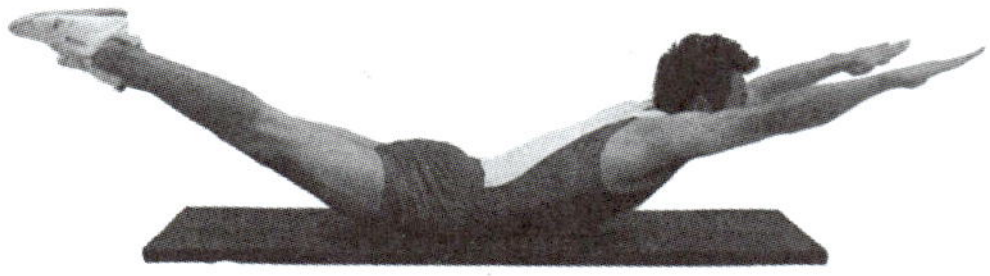

图 4—135

图 4—136

（6）跪姿提臀支撑

练习目的

增强腰腹及臀部肌肉力量，提高身体协调性和控制力。

预备姿势

跪撑姿势，低头含胸，弓背。

练习方法

腹肌用力，向上伸膝提臀至体前屈、四肢支撑姿势（见图 4—137），停顿四至八拍，然后还原。连续完成四至八个八拍。

图 4—137

动作要领

借助收腹提臀和肩带力量，支撑起躯干，有控制地还原。

（7）跪撑后踢腿

练习目的

增强臀部肌肉力量及下肢柔韧性。

预备姿势

跪撑，左腿支撑跪立，右腿屈膝向前抬起，低头含胸（见图 4—138）。

练习方法

左腿向后踢起至 90° 以上位置，同时抬起上体（见图 4—139），然后还原。连续完成四至八个八拍。

动作要领

踢腿时，大腿发力，脚背绷起并带动腿快速上踢，同时收腹、展体。动作腿绷直并稍向外展，两臂和躯干保持舒展和稳定的姿态。

图 4—138

图 4—139

练习提示

1. 进行垫上练习时，要注意动作有控制，速度均匀，慢起慢落，运动部位有较明显的酸胀感。

2. 在完成动作过程中，应配合均匀的呼吸，不宜憋气。

3. 可以配上节奏明快的音乐进行练习，各个部位依次运动，且多次重复。该种形式的练习一般能够较好地激发练习者的兴趣，促使练习者坚持练习，可达到良好的健身健美效果。

4. 在完成动作过程中，既要注重动作的数量也要注重动作的完成质量，并保持一定的身体姿态。

第三节　身体协调性训练

形体训练中的协调性训练，主要是以动作组合的“操化”练习形式，采用有氧健身操中各种不同形式的步伐、移动、转体和小跳动作，配合上肢动作的协调运动，来提高运动时身体各部位在空间上和时间上配合的一种综合能力，从而改善中枢神经系统对肌肉的支配能力，使身体各部位运动逐渐协调一致，动作更富节奏感和灵敏性。

一、基本步伐

基本步伐动作是有氧健身操动作中的最基础的练习内容，是有效发展锻炼者的协调性、节奏韵律感和平衡能力的有效方法。基本步伐动作形式多样，动作简单易练，且不受场地、性别等因素的影响，随时随地都可进行练习。

有氧健身操的基本步伐主要包括踏步类、点地类、迈步类以及跳步类等动作。每一套有氧健身操或动作组合中的移动、变向、转体等变化，均是通过不同的基本步伐、跑跳等基本动作来实现的。有氧健身操基本步伐的动作说明、动作要领以及变化形式见表 4—1。

表 4—1　　有氧健身操基本步伐汇总表

步伐类别	步伐名称	动作说明	动作要领	变化形式
踏步类	踏步 走步 一字步 V 字步	两脚依次抬起，稍离地，再依次有弹性地下落。上体直立，两臂屈肘前后自然摆动	膝关节带动腿，脚跟先离地抬脚，下落时前脚掌先着地再过渡到全脚	原地踏步；向前、向后走步（V 字步、一字步）等
点地类	脚尖点地 脚跟点地	两腿有弹性地屈伸，动作腿伸出点地，同时支撑腿稍屈，上体直立	动作腿点地时，重心控制在支撑腿上，另一脚虚步点地，同时收腹立腰。侧点地时腿伸直，脚面向前	脚尖或脚跟向前；脚尖或脚跟向侧、向后点地

续表

步伐类别	步伐名称	动作说明	动作要领	变化形式
迈步类	迈步吸腿 并步 侧交叉步	一脚先迈出一步，同时移动身体重心至支撑站立，另一脚抬起或点地、并步	迈步时，身体重心及时跟进；迈步方向明确，侧交叉步向侧前方迈步。迈步吸腿时，膝关节领先，大腿抬平	向前，或向斜前方，或向侧、向后迈步
跳步类	开合跳 弓步跳 吸腿跳 后屈腿跳 侧并小跳 弹踢腿跳	单脚或双脚蹬地跳起，经短暂腾空，单脚或双脚落地	脚后跟先离地蹬地跳起，前脚掌先落地至全脚落地，同时稍屈膝缓冲。跳起或落地时收腹拔腰、提气，落地轻巧	前后、左右开合跳，前后、左右并步小跳，前、侧、后弹踢腿跳

二、基本步伐组合

练习目的

掌握不同形式的基本步伐，发展动作节奏感和身体协调性。

预备姿势

两腿并拢站立，两臂放于体侧，握拳。

动作做法

1×⑧：

[1—4] 拍：右脚开始踏步，一拍一动，两臂屈臂在腰间前后自然摆动（见图 4—140）。

[5] 拍：右脚向右侧迈步，两臂提至胸前平屈，双手握拳（见图 4—141）。

[6] 拍：左脚并于右脚侧，同时双手握拳下压伸直两臂（见图 4—142）。

[7—8] 拍：同 [5—6] 拍动作，动作方向相反。

2×⑧：

[1] 拍：右脚向右斜前方迈一步，同时右臂向右侧平举（见图 4—143）。

[2] 拍：左脚向左前方迈一步，同时左臂向左侧平举（见图 4—144）。

[3] 拍：右脚回到原始位置，两臂胸前平屈（见图 4—145）。

[4] 拍：左脚还原，两臂还原。

[5—8] 拍：同 [1—4] 拍动作。

图 4—140

图 4—141

图 4—142

图 4—143

图 4—144

图 4—145

3× ⑧：

[1] 拍：右脚向右前一步，脚跟先着地，两臂摆至前平举（见图 4—146）。

[2] 拍：左脚收于右脚后，两膝稍弯曲，两臂屈肘向后摆动（见图 4—147）。

[3] 拍：右脚继续向右侧迈步，脚跟着地，两臂摆至前平举（见图 4—148）。

[4] 拍：左小腿向后折叠踢腿，两臂屈肘向后摆动（见图 4—149）。

[5—8] 拍：同 [1—4] 拍动作，动作方向相反。

4× ⑧：同 3× ⑧动作。

5× ⑧：

[1—3] 拍：右脚开始向右走三步，两臂自然摆动。

图 4—146

图 4—147

图 4—148

图 4—149

[4] 拍：向上吸左腿（见图 4—150），同时双手胸前击掌或握拳。

[5—7] 拍：左脚开始向后走三步，两臂自然摆动。

[8] 拍：向上吸右腿，同时双手胸前击掌或握拳。

6 × ⑧：同 5 × ⑧动作，动作方向相反。

7 × ⑧：

[1] 拍：右脚向右侧迈一步，两臂放松前摆（见图 4—151）。

[2] 拍：左脚收于右脚侧点地，双手收回到腰间握拳（见图 4—152）。

[3] 拍：同 [1] 拍动作，动作方向相反。

[4] 拍：同 [2] 拍动作，动作方向相反。

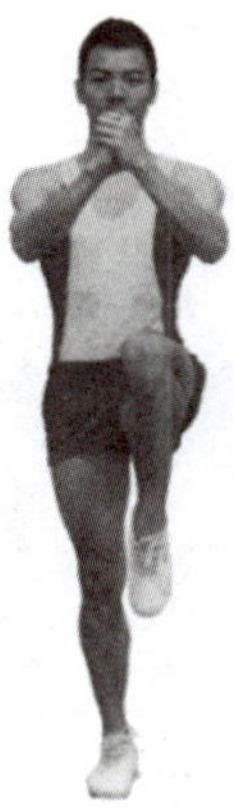

图 4—150

[5—8] 拍：同 [1—4] 拍动作。

8 × ⑧：

[1—2] 拍：向右的小马跳，左臂上举，右臂下举（见图 4—153）。

[3—4] 拍：同 [1—2] 拍动作，动作方向相反。

[5—6] 拍：同 [1—2] 拍动作。

[7—8] 拍：还原成预备姿势。

9 × ⑧：

[1] 拍：右腿向上提膝跳，两臂向上摆至右臂侧平举，左臂胸前平屈，拳心向下（见图 4—154）。

[2] 拍：右脚落地还原，两臂摆至上举，拳心向前。

[3] 拍：左腿向上提膝跳，两臂向下至左臂侧举，右臂胸前平屈。

[4] 拍：左脚落地还原，两臂放下至体侧。

[5—8] 拍：同 [1—4] 拍动作。

10× ⑧：同 9× ⑧动作，成立正姿势结束。

图 4—151

图 4—152

图 4—153

图 4—154

练习提示

1. 进行组合练习时，先分别练习单个动作，再进行组合练习。练习可随节拍练习，也可在不同节奏和旋律的音乐伴奏下完成练习。

2. 认真学习体会动作与动作之间的转换衔接部分的动作，做好第四拍或第八拍的结束动作（即下一个动作的开始）。

3. 对于较难掌握的动作如小跳动作、转体动作、上下肢结合转体移动的复合动作等，可合理应用分解练习，再进行完整练习。

4. 按正确的动作要领完成练习。如跳起落地时由脚跟过渡到全脚掌落地，然后迅速屈膝缓冲。

5. 上述组合动作起到抛砖引玉的作用。随着运动能力的提高，练习者可根据表 4—1“有氧健身操基本步伐汇总表”中所列的各种基本步伐，编排适合自身锻炼需求的“组合练习”。

思考与练习

1. 柔韧练习主要包括哪几种练习方式？各种练习方式之间有什么异同点？

2. 弹力带阻抗练习的特点是什么？进行弹力带阻抗练习时应注意哪些问题？

3. 试一试：自己设计一组发展柔韧或力量的练习方法，并根据自己的实际情况制定出适宜的运动量与强度。

4. 体验一下：在不同风格的音乐伴奏下，完成各种不同形式的力量练习。

5. 测一测：每隔两周进行一次力量素质的测试，如 1 min 仰卧起坐（女性）、俯卧撑或引体向上（男性），考核评价力量素质的发展进度。

第五章 不良身体形态矫正训练

因“久坐少动、缺乏运动”以及不良生活习惯而带来的各种身体形态问题，已逐渐影响到人们的健康水平和职业规范。不良身体形态主要包括斜肩、探颈、含胸驼背、O 形腿、X 形腿等，根据其形成的基本原因，进行有针对性的形体训练，可有效矫正不良身体形态。

学习目标

☆ 了解肩颈、躯干和下肢不良形态形成的原因和矫正训练的意义。

☆ 掌握肩颈、躯干和下肢不良形态的矫正方法，养成良好端庄的体型和体态。

第一节 躯干不良形态矫正训练

躯干的不良形态主要表现为含胸驼背。含胸驼背是指胸椎后突所引起的形态改变，不是脊柱本身有病变。一般来说，含胸驼背一方面是因为长期不正确的看书、写字、上网等姿势以及过度使用手机造成的，另一方面则是在平时的坐、立、行走中不注意正确姿势或从小受他人不良姿势的影响造成的。含胸驼背易给他人留下不大方、不自信，缺乏朝气的印象。含胸驼背的不良形态较容易矫正，矫正的重点是加强腰背部和脊柱周围肌力的锻炼以及肩胸部位的柔韧性练习，同时在日常生活中注意保持舒展挺拔的身体姿态。

一、肩胸部位拉伸矫正训练

1．站立抬头展胸

练习方法

两腿开立，双手于体后交叉相握，头后仰。尽力挺胸展肩，用力向后伸展头颈和肩胸。拉伸控制 1～4 个八拍，然后放松，多次重复练习。

2．振肩、肩绕环

练习方法

两腿开立，两臂伸直上举，两手交叉相握，掌心向上。有节奏地用力向后振动肩胸。两拍一动，连续拉伸 2～4 个八拍。然后向后做展胸、手臂绕环运动。一个八拍完成一次绕环运动，连续完成 4～8 个八拍。

3．含胸展胸

练习方法

两腿开立，两臂侧平举。躯干开始用力，逐渐松腰、低头、含胸弓背，同时两臂抱于胸前，稍屈膝下蹲。然后立腰、抬头挺胸，同时两臂向后打开至水平侧后举（掌心向后），两腿直立。含胸、展胸动作充分，幅度大，速度均匀缓慢。可按照节拍练习，四拍一动，连续完成 8～12 个八拍。

4．扶把拉伸肩胸

练习方法

两腿开立，双手与肩同宽扶把，上体前屈至水平位。向下缓慢用力拉伸肩胸部位肌肉韧带。也可在同伴的助力下完成练习，效果更好。可动力性拉伸与静力性拉伸相结合，二拍或四拍一动，连续完成 8～12 个八拍。

5．坐立抬头展胸

练习方法

端坐于椅子或垫上，双手于头后交叉相握。头后仰，后背用力挺直，充分立腰挺胸。控制四个八拍后放松，多次重复练习。

6．跪立体后屈

练习方法

跪立，头后仰，躯干后屈，两手抓住踝关节，完成体后屈动作，控制 1～2 个八拍后放松，多次重复练习。

7．仰卧挺身起

练习方法

仰卧，两臂侧举放于垫上。通过依次向上用力顶腰、挺胸、抬头、收腹，至带动躯干后屈抬起至坐立位置，然后回到仰卧姿势。连续完成 4～8 次为一组，完成 2～3 组。

8．俯卧抬上体

练习方法

俯卧，双手于头后交叉相握，两脚固定住（或由同伴压住脚踝）。腰背肌用力，向上抬起上体至 45° 位置，控制 1～2 个八拍，然后躯干有控制地下落至俯卧。连续完成 8～12 次为 1 组，完成 2～3 组。

9．仰卧起桥

练习方法

仰卧，双手双脚屈膝支撑开始，躯干向上用力挺起，成形似桥状的拱形支撑（双手和双脚距离越近，上体伸展则越充分）。控制四至八拍后，躺下成仰卧姿势。连续完成 2～4 次。

二、肩胸部位力量训练

1．弹力带拉伸与阻抗

练习方法

参照第四章第二节“伸展动作组合”练习方法、“胸背阻抗动作组合”练习方法。

2. 哑铃阻抗

练习方法

参照第四章第二节“直臂扩胸练习”“俯身扩胸练习”“俯身划船练习”以及“直臂抓举练习”。

练习提示

1. 上述每一个练习的量与强度仅作为参考。每位练习者可根据自身“含胸驼背”的程度以及运动基础而定，并可随着练习的推进，逐渐增加动作幅度、重复次数或器械重量等。

2. 练习应持之以恒，方能取得良好效果。至少隔天练习一次，每天练习 2～3 次，每次练习可根据自身情况，有针对性地选择 3～4 个练习。

3. 矫正驼背需将柔韧练习和力量练习结合起来，再配合第二章中基本姿态的控制与发展性练习，效果会更好。此外，日常生活中还应注意无论是坐、站还是行走，都应保持挺胸、收腹、紧腰，身体正直舒展的好习惯。

4. 看书、写字和操作电脑时，注意正确的坐立姿势，且选择高低适宜的桌椅。

第二节　下肢不良形态矫正训练

下肢不良形态主要为 O 形腿（俗称罗圈腿）、X 形腿和八字脚。

一、O 形腿矫正训练

O 形腿是指膝关节内翻，双脚踝部并拢但双膝不能靠拢，形成“O”字形，因此被称为 O 形腿。O 形腿主要是儿童时期骨骼发育不良所致。医学上一般将此类症状划分成三个不同程度，即轻度（两膝间距在 3 厘米以内）、中度（两膝间距在 3 厘米以上）、重度（走路时左右摇摆）。矫正 O 形腿应重点锻炼腿部相应的肌肉和腿部内侧的柔韧性，同时有针对性地进行站立姿态的训练。

1．腿屈伸或蹲起

练习方法

直立，两脚并拢，两手扶住大腿中部。两拍一动，匀速而有控制地完成腿的屈、伸练习。连续完成两个八拍。然后加大动作幅度，四拍一动，完成下蹲、起立练习，连续完成四至八个八拍。

2．半蹲夹膝

练习方法

两脚相距 30 厘米左右开立。两手扶膝成屈膝半蹲姿势，两膝向内逐渐相对用力、靠拢，夹紧两膝，坚持一个八拍，然后放松，重复四至六个八拍。

3．脚尖脚跟外展、内收

练习方法

两腿并拢站立。先以脚后跟为轴（支撑点），有节奏地完成脚尖外展、内收动作。两拍一动，连续完成四至八个八拍。然后以脚尖为轴（支撑点），有节奏地完成脚跟外展、内收动作。两拍一动，连续完成四至八个八拍。在完成动作过程中，两腿始终伸直并拢。

4．跪坐小腿外展

练习方法

跪于垫上，双手撑地，成跪撑姿势。两脚和小腿逐渐向外用力打开，控制一个八拍，然后收拢放松。连续完成四至八个八拍。

5．双脚夹球

练习方法

坐于椅上。膝盖并拢，用两脚夹住一个排球，向内逐渐用力，坚持一个八拍，然后放松。连续完成四至八个八拍。

6．夹球蹲跳

练习方法

两脚踝内侧夹一个排球，两手扶在两腿上。两膝向内用力夹紧，两脚跟提起，下蹲（膝角大于 90°），做向前连续的蹲跳动作。连续跳 15～20 次为 1 组，做 2～3 组。

7．弹力带阻抗练习

练习方法

参照第四章第二节“弹力带下肢阻抗组合”练习方法。

二、X 形腿矫正训练

X 形腿是指站立时两膝并拢，但两脚跟不能并拢，其间隔距离为 1.5 cm 以上的均属 X 形腿。X 形腿的形成是由于先天遗传和后天疾病、创伤、营养不良以及幼儿时期坐立行走的姿势不正确和双腿负荷过重所造成的。X 形腿是由于股骨过度内收、内旋和胫骨外展、外旋形成的一种骨关节异常现象。X 形腿的矫正相对困难，但是长期坚持练习，会收到一定的效果。

1．盘坐压腿

练习方法

坐立，左腿于体前伸直，右腿屈膝外展，右脚放于左腿内侧，左手扶住右脚脚踝，右手扶右膝内侧。右手逐渐向下用力，压住右膝至最大幅度，控制二至四个八拍，然后慢慢松手还原。重复四至八个八拍，两腿交替练习。

2．直腿夹球

练习方法

坐于椅上，两手后撑椅，两踝夹住一个排球，脚跟着地。用脚带动腿逐渐向内夹紧球，并抬起至 45° 位置，控制一至二个八拍，然后放松还原。重复四至八个八拍。

3．坐立压腿

练习方法

坐立，左腿向前侧伸直打开，右腿于体前屈膝着地。上体前倾并稍向右转，胸部贴近膝关节内侧，两臂充分前伸至最大限度，控制二至四个八拍，然后放松还原。重复四至八个八拍，两腿交替练习。

4．坐立展膝

练习方法

坐立，两膝外展，两脚掌相合并拢，两手分别扶住同侧膝关节。两手有节奏地用力下压膝关节，使两膝向外充分展开，两脚掌尽量并拢，控制一至二个八拍，然后放松。重复四至八个八拍。

三、八字脚矫正训练

八字脚，有外八字和内八字之分。走路时两脚尖向内扣的称内八字，走路时两脚尖向外撇的称为外八字。常见的大多是外八字脚，它是因为儿童时期过早站立学走路，腿的力量弱，很难保持身体平衡，脚尖自然地向左右分开，慢慢地形成了八字脚不良习惯。一般情况下，脚尖内扣或外撇不明显的则不称之为八字脚。如果脚尖指的方向与前进方向之间的夹角超过 40° 角，影响到了脚形和行走，形成八字脚，就需要矫正。

1．沿直线走跑

练习方法

自然站立，两手叉腰或前后自然摆动。在地上划一条直线，有节奏地沿直线向前行走。行走时，膝关节和脚尖正对前方，脚尖和脚跟保持在一条直线上。一拍一动，连续行走四至八个八拍。

2．跳下台阶

练习方法

站于高约 20～30 cm 的台阶上，反复练习从台阶上往下跳的动作。空中脚面、膝盖绷直，脚尖并拢，有控制地落地，落地时两脚完全并拢。连续完成跳跃动作 10～15 次。

3．负重蹲起

练习方法

肩扛杠铃站立。两脚站位与八字脚形态相反，即外（内）八字脚，以内（外）八字脚站立。有控制地匀速完成半蹲、站立练习。四拍一动，连续完成四至六个八拍为一组，完成 2～3 组。

4．负重提踵

练习方法

肩扛杠铃开立，脚尖正对前方。保持正确的脚形，有控制地完成提踵练习。两拍一动，连续完成二至四个八拍为一组，完成 2～3 组。

练习提示

1. 腿形的矫正练习，主要通过反向用力，达到矫正目的。因此，应逐渐增加用力的程度和强度。避免过度用力拉伸或按压膝关节，以免造成膝关节内侧韧带的损伤。练完后加强放松练习。

2. 在平时的站立、行走和跑跳过程中，注意保持正确的脚形和腿型。

3. 矫正 O 形腿应重点锻炼腿部相应的肌肉和内侧韧带的柔韧性，有针对性地进行站立姿态的训练。对照镜子完成练习，效果更好。

第三节　肩部不良形态矫正训练

肩部不良形态主要表现为斜肩和溜肩。

一、斜肩矫正训练

在日常生活中，斜肩一般表现为两种：一种是肩向一侧倾斜；另一种为一肩高，另一肩低。造成斜肩的主要原因是由于肩部长期用力不均，使两侧肩部的肌肉力量发展不均衡所致。如长期用一侧肩背书包、扛重物，持续使用优势上肢或常以松懈不正确的姿势打电话、看书、写字或上网等。这样易使某一侧肩关节周围的软组织因长期处于紧张状态，造成该侧肩以下部位的肌群力量弱化，而肩以上部位的肌群被强化（另一侧则相反），从而导致两肩发展高低不一，形成斜肩的不良习惯。严重者还会形成脊柱侧弯。因此，斜肩的矫正，重点应加强弱侧肩部、颈部和背部肌肉的锻炼。

1．肩绕环

练习方法

直立，两臂侧平举。

（1）两臂同时向内肩环绕一周，然后向外肩环绕一周。八拍完成一次绕环，连续完成八至十二个八拍。

（2）两臂同时向后肩环绕一周，然后向前肩环绕一周。八拍完成一次绕环，连续完成八至十二个八拍。

2．提肩、沉肩

练习方法

直立，两臂自然下垂。两肩同时有节奏地完成上提和下沉动作。一拍一动，连续完成二至四个八拍。然后两肩依次完成上提和下沉动作。一拍一动，连续完成四至六个八拍。上述提肩、沉肩练习，还可以手持一定重量的哑铃完成练习。

3．单臂持铃提拉

练习方法

肩低的一侧手握哑铃，下举，两腿开立或坐立。持铃手臂向侧匀速抬起至侧平举，然后有控制地还原。连续做 8～12 次为 1 组，完成 3～5 组。

4．俯撑移动

练习方法

俯卧支撑，身体保持平直，脚背触地。两臂支撑交替向前移动，腰腹控制用力，带动身体前行。行走 10～15 m 为 1 组，完成 2～3 组。

5．斜身倒立

练习方法

背对墙蹲立，距离墙约 50 cm。两手与肩同宽，在体前撑地，两腿蹬墙成斜身倒立动作。控制 20～30 s 为 1 组，练习 2～3 组。

二、溜肩矫正训练

溜肩又叫垂肩，是指肩部与颈部的角度较大。溜肩常伴有含胸驼背等不良形态。造成溜肩的原因，一方面是遗传，另一方面则主要是因为日常生活中的含胸驼背姿势以及身体活动较少，最终致使肩部锁骨和肩胛骨周围附着的各肌肉群（三角肌、胸大肌、背阔肌等）软弱无力，使锁骨和肩胛骨远端下垂，从而形成溜肩的不良形态。对于女性来说，溜肩尤其影响形体的美观。矫正溜肩可做以下训练：

1．耸肩

练习方法

站立或坐立，上体保持正直。耸肩，即两肩同时上提，控制四拍，然后放松还原。连续完成四至八个八拍。也可双手各持一个哑铃完成耸肩练习。

2．双臂持铃提拉

练习方法

站立或坐立，上体保持正直，两手各持一哑铃放于体侧。两臂同时抬起至侧举，控制四至八拍，继续抬起至侧上举，控制四至八拍，然后有控制地还原。连续完成四至八个八拍为 1 组，完成 2～3 组。

3．双臂负重推举

练习方法

两脚开立，两手持哑铃于胸前立屈，拳心相对。两臂用力向上推直手臂至上举，拳心相对，接着有控制地还原。连续完成 10～20 次为 1 组，完成 2～3 组。

4．俯卧撑

练习方法

俯卧支撑（男性），两手与肩同宽，两腿并拢或分开。连续完成 20～30 个俯卧撑为 1 组，完成 2～3 组；

跪卧支撑（女性），两臂与肩同宽，连续完成 10～20 个跪卧撑为 1 组，完成 2～3 组。

练习提示

1. 在完成斜肩、溜肩矫正练习之前，先做几节肩胸部位的柔韧拉伸练习。负重练习完成后，注意放松练习。

2. 针对斜肩和溜肩形成原因，有针对性地进行拉伸和阻抗练习。练习时注意循序渐进，逐渐增加运动量与强度。重点发展弱势肩侧的三角肌及肩部肌群力量。

3. 在日常生活中，行走、站立和坐立时均应注意立腰、挺胸，身体保持正直。此外，注意双肩均衡用力，如用左右肩交替挎包，用左右手交替持物或提重物等。

4. 建议男性进行一些简单的单杠、双杠、杠铃或哑铃练习以及游泳、划船、投掷等运动，有助于溜肩的矫正。

思考与练习

1. 简述形成弓腰驼背的主要原因，并说明矫正的方法。

2. 根据自身或同学身体形态问题，参考本书第二章、第三章和第四章中的相关内容，设计 4～6 种矫正不良形态的训练方法。